김준성 연세대 직업평론가가 들려주는

| 성공 직장인을 위한 |

스몰토크 성공법칙

| 김준성 지음 |

★
BOOK STAR

저자와 협약에
의하여 검인은
생략합니다.

성공 직장인을 위한
스몰토크 성공법칙

초판 1쇄 인쇄	2007년 11월 12일
초판 1쇄 발행	2007년 11월 16일
지은이	김준성
펴낸곳	Book Star
펴낸이	박정태
출판등록	2006. 9. 8. 제 313-2006-000198호
주소	서울시 마포구 구수동 41-4 영풍빌딩
	[신사옥] 경기도 파주시 교하읍 문발리
	파주출판문화정보산업단지 500-8번지
전화(代)	02)713-2122
팩스	02)713-2125
E-mail	Kwangmk@unitel.co.kr

ⓒ 2006, Book Star
ISBN 978-89-959637-5-3 13040

정가 11,000원

잘못 만들어진 책은 바꾸어 드립니다.

introductory
머리말

《스몰 토크 성공 법칙》을 시작하면서

직장에서 하루 동안 하는 말은 얼마나 될까?

무수히 많은 말을 하면서 일한다. 직업마다 다르기는 하지만 누구나 직장인은 말로 일을 한다. 현대 직장인들은 글로 일하는 시간보다 말로 일하는 시간이 더 많은 지도 모른다.

말을 잘하면 인정은 받는다. 하지만 말을 잘못하면 부정적인 평가를 받게 된다. 말로 남에게 반감을 일으키기도 하고 말로 남에게 호감을 받는 경우도 있다. 말은 모든 성공 직장인이 되고자 하는 사람들이 훈련을 해야 하는 필수 요소다. 특히 30분 이내의 스몰 토크는 성공하는 직장인이 되고 싶은 사람들에게는 더욱 중요한 스킬이고 능력이 된다. 작은 길이의 말을 잘하면 그 사람은 자기의 직업적인 미래를 성공적으로 만들어 갈 수 있다.

하지만 말을 적절하게 잘한다는 것은 생각 만큼 쉬운 일은 아니다. 그것은 부단한 노력이 필요하고 기술이 요구된다.

말 잘하기란 하루아침에 갖춰지는 능력이 아니다. 구슬이 서 말이라도 그것을 꿰어서 하나의 상품으로 만들어 낼 수 있어야 한다.

이 책《스몰 토크 성공 법칙》은 직장에서 성공적으로 말하는 법, 그리고 훈련할 것들, 말하면서 상대방에게 몸짓으로 의미를 전달하는 기법들에 대하여 언급한다.

  이 책은 그냥 읽고 지나갈 책은 아니다. 바로 여러분이 성공 직장인을 지향한다면 이 책이 제시하는 대로 여러분의 일터에서 스몰 토크 연습을 해갈 수 있다면 더욱 유익할 것이다.

  스몰 토크에 성공하면 좋은 기(氣)을 얻게 될 것이다.

  여러분은 이 책을 읽으면서 성공적인 스몰 토커로 변화된 자아를 발견하는 기쁨을 얻게 될 것이다.

2007. 11

김준성 연세대 직업 평론가

contents
목차

제 1 장 [스몰 토크의 의미]

01. 인간은 스몰 토크를 통해 완성된다 11 / 02. 스몰 토크는 가장 가벼운 스킨십이다 15 / 03. 너와 나를 연결하는 소통로(疏通路)이다 18 / 04. 개인의 브랜드 가치를 만드는 기술이다 23 / 05. 스몰 토크를 즐기면 인생이 즐겁다 26 / 06. 한국인이 스몰 토크에 서툰 이유 32

제 2 장 [스몰 토크의 가치]

Ⅰ. 오류의 최소화를 만들어 준다 40 / 01. 동료 간의 커뮤니케이션 장애를 극복해 준다 42 / 02. 상상력이 극대화된다 44 / 03. 스트레스를 이겨내는 힘을 길러 준다 46 / 04. 감정을 단련하고 조절하는 법을 익히게 된다 49 / 05. 인간 사이의 갈등을 최소화하는 지혜를 길러 준다 53

Ⅱ. 새로운 영감을 얻을 수 있다 57 / 01. 인생의 난제를 의외로 쉽게 풀어 준다 57 / 02. 의견을 표출함으로써 해법을 찾을 수 있다 62 / 03. 인생의 새로운 성취가 가능해진다 64 / 04. 자기 학습 능력을 향상시켜 준다 66 / 05. 새로운 영감을 얻을 수 있다 70 / 06. 미래를 전망하는 시야가 확장된다 76

Ⅲ. 공식화되지 않은 값진 정보를 얻게 된다 81 / 01. 불필요한 긴장을 풀어준다 81 / 02. 인간적인 유대감을 강화해 인맥을 만들어 준다 86 / 03. 숨겨진 의도와 정보를 읽을 수 있다 90 / 04. 공식화되지 않은 값진 정보가 들어 있다 94 / 05. 자기 긍정의 이미지 트레이닝을 할 수 있다 96 / 06. 적극적으로 참여하면 문제들을 보는 안목이 생긴다 98

제 3 장 [스몰 토크의 요건]

01. 분명한 메시지를 담고 있어야 한다 102 / 02. 상대에게 유익하고 알찬 정보를 담는다 104 / 03. 감동과 스토리를 담아야 한다 107 / 04. 쉽고 부담이 없어야 한다 110 / 05. 친절하고 격의 없이 진행되어야 한다 114 / 06. 세련된 품격을 담고 있어야 한다 117

제 4 장 [기분 좋은 스몰 토크 만들기]

Ⅰ. **상대에게 유익을 주는 스몰 토크를 하라** 122 / 01. 마음을 비우고 대화를 즐겨라 122 / 02. 최근에 이슈가 되고 있는 주제를 선택하라 126 / 03. 상대를 기분 좋게 해줘야 나도 즐겁다 129 / 04. 자기가 잘 알고 있는 내용으로 시작하라 132 / 05. 순간순간의 상황을 살핀다 136

Ⅱ. **브레인스토밍 찬스를 만들라** 138 / 01. 참여자들의 지적 수준을 파악한다 138 / 02. 브레인스토밍을 통해 생각을 모으라 140 / 03. 긍정적인 내용을 담아라 142 / 04. 너무 많은 것을 얻으려고 하지 말라 144 / 05. 감정적 언어는 적당히 활용하라 146 / 06. 대화의 질을 더 높이 이끌어 가라 148 / 07. 부드러운 어투를 사용한다 150 / 08. 겸손하게 말하라 152

제 5 장 [성공을 약속하는 세부기술]

Ⅰ. **편안하게 말하라** 156 / 01. 절제력을 갖고 말을 아껴라 156 / 02. 마음을 가다듬고 코로 숨쉬면서 경청하라 158 / 03. 인내를 갖고

적정 타이밍을 기다려라 159 / 04. 포커페이스와 미소를 적절히 활용하라 162 / 05. 편안한 태도로 말하는 습관을 길러라 165
Ⅱ. **객관성을 확보하다** 167 / 01. 메시지가 명확해야 파워가 실린다 167 / 02. 역사적 배경을 도입해 객관성을 확보하라 171 / 03. 정확한 통계를 들며 말하라 174 / 04. 속도를 적절히 가감해 가라 178 / 05. 남의 의견이 옳다면 선선히 수긍해라 180

제 6 장 [상황별 스몰 토크 핵심 포인트]

Ⅰ. **일대일 스몰 토크** 184 / 01. 눈동자를 보면서 느낌을 교환하라 184 / 02. 퍼스널 존(Personal Zone)을 지켜라 186 / 03. 상대의 장점을 찾아서 말하라 189 / 04. 상대방의 진가를 먼저 알아보기 위해 노력하라 191 / 05. 자신을 낮추며 겸양의 태도를 견지하라 193
Ⅱ. **조별 스몰 토크** 194 / 01. 핵심 메시지는 처음부터 강조하라 194 / 02. 다른 사람들이 질문할 여유를 제공하라 196 / 03. 결론을 요약해 주지시키며 마무리한다 198
Ⅲ. **다수 청중을 향한 스몰 토크** 199 / 01. 스몰 토크로 스트레스를 푼다 199 / 02. 상상을 도입해 청중의 공감 수준을 끌어올린다 201 / 03. 세부 설명 전에 세심한 주의를 한다 202 / 04. 이야기 확장 시 논리를 세우라 203 / 05. 마음을 담아서 말한다 205 / 06. 여러 속도를 혼용한다 206
Ⅳ. **낯선 사람과의 스몰 토크** 208 / 01. 흥미로운 문제를 선택한다 208 / 02. 화두(話頭) 시작 전 상대의 인식 수준을 탐색한다 210 / 03. 정서를 자극하는 내용을 가미한다 212

제 7 장 [스몰 토크의 함정]

01. 지나친 논리의 비약을 하지 말라 214 / 02. 수입 구조를 구체적으로 묻지 말라 216 / 03. 남의 허물을 이야기하느라 시간 낭비를 말라 217 / 04. 열광 모드에 지나치게 젖어 들지 말라 218/ 05. 냉소적이고 공격적인 언행을 자제하라 220 / 06. 마음을 담으면 제대로 전달되는 스몰 토크가 된다 221 / 07. 적당히 얻으라 222 / 08. 과도하게 자기의 지적 수준만을 드러내려고 하지 말라 223 / 09. 지위를 남용하거나 지위에 위축되지 말라 224 / 10. 왜곡시키는 화법은 별로 바람직하지 않다 225 / 11. 풍자를 할 때는 명예훼손에 유의하라 227 / 12. 인격적인 거리를 유지하라 229 / 13. 키워드를 간결하게 담으라 231 / 14. 코너에 몰리기 전에 말해라 232 / 15. 적극적으로 참여하여 오해를 받지 않게 하라 233

제 8 장 [빛을 더해 주는 조언들]

01. 작은 수첩을 준비해 수시로 메모하라 236 / 02. 작은 몸짓을 곁들이면 더 효과적이다 237 / 03. 예를 들어 이야기하면 전달력이 높아진다 239 / 04. 최신 유행을 언급하라 240 / 05. 진부한 단어를 버려라 241 / 06. 상대에게 필요한 정보를 말하는 것도 기술이다 243 / 07. 작은 음성으로 개인 간 친밀도를 높인다 244 / 08. 다양한 고마움의 표현 기술을 익히라 245 / 09. 단호하게 '노'라고 말할 줄 알아야 한다 246 / 10. 상처받지 않으려면 말하는 현장에서 적절히 방어해라 247

스몰토크
성공법칙

제1장

[스몰 토크의 의미]

01 | 인간은 스몰 토크를 통해 완성된다

인간은 복잡한 존재랍니다. 스몰 토크(Small Talk)를 하지 않고 생활하기는 어렵답니다. 스몰 토크는 길이가 짧은 말이랍니다. 이런 스몰 토크를 잘하면 인간은 행복하게 된답니다. 스몰 토크를 통해서 서로 정과 정보, 느낌을 교환하기에 그렇다고 할 수 있답니다. 스몰 토크를 통해서 인간은 완성된다고 할 수 있답니다. 하지만 스몰 토크에 성공하지 못하면 행복해지기 힘들답니다. 스몰 토크에 성공하지 못한 것이 생활에서 심한 스트레스를 유발하기에 그렇답니다.

금요일 저녁, 뉴욕 맨해튼 스퀘어 가든입니다. 이 날 이곳에서 파티가 열립니다. 바람이 붑니다. 약간 더운 여름날 저녁의 파티장에는 사람들이 모여듭니다. 야외 파티라서 더위를 식힐 수 있을 것 같습니다.

예정 시간보다 10여 분 먼저 도착한 티파니는 스리키와 대화를 나눕니다. 이들은 프랑스에서 뉴욕에 비즈니스 차 와 있는 외국 상사 주재원들이랍니다. 이들이 같은 회사 소속이라서 오늘 파티에 참석했답니다. 오늘 파티는 프랑스인들을 위한 주미 프랑스 대사관 주최의 파티입니다. 티파니가 한국 교포에게 다가가 가녀린 음성으로 말을 붙입니다.

"뉴욕에서 요즈음도 그 한국 텔레비전 드라마를 보세요? 한국의 MBC 텔레비전 〈내 이름은 김삼순〉이란 드라마를 보니 주인공이 참 연기 잘하데요."

이에 질세라 샘이 많은 '스리키'는 여성답지 않은 투박한 말투로 응수를 한답니다.

"그, 선아라는 배우 말이죠?"

잠시 말을 멈추고서 몹시 궁금한 표정을 지으면서 스리키는 말했답니다.

"아, 성……, 이름이 뭐더라?"

"예, 내 이름은 김삼순에 나오는 한국인 배우 김선아 씨 말인가요?"

그제서야 생각 난다는 투로 티파니가 억양을 높여서 말했습니다.

파티에 참석한 이들은 티파니의 갑자기 올라간 어투에 놀래는 표정을 지으면서 티파니를 한번 힐끔 보고는 고개를 돌린답니다. 티파니는 금발에 파란 눈을 지닌 여성입니다. 키는 크고

근육이 발달해서 섹시미가 물씬 났습니다.
 파티는 역시 즐거움을 선물하는 공간인가 봅니다. 이들은 스몰 토크를 하면서 술을 마신답니다. 밤의 열기는 뉴욕의 정취를 더욱 깊이 느끼게 해주는 중이랍니다.

 한편, 또 다른 스몰 토크는 한국 영종도 공항에서도 이뤄진답니다.
 2006년 7월 23일, 박지성 선수가 월드컵 한국 대표로 참가했다가 소속팀인 맨체스터 유나이티드로 복귀를 앞두고 공항 기자회견장에 모습을 드러냈습니다.
 수많은 축구 마니아들이 모인 회견장에서 한 기자가 이런 질문을 했습니다.

 "영국과 포르투갈의 경기 도중 영국 팀의 웨인 루니와 포르투갈 팀의 호날두가 심하게 대립을 했는데, 같은 맨유 클럽 소속인 이 두 선수들에게 해주고 싶은 말은?"
 이 질문에 박지성은 이렇게 대답합니다.
 "웨인 루니, 호날두가 서로 맞장을 한 번 두라."
 박지성의 재치가 넘치는 스몰 토크랍니다.

 여성들의 모임에 당신이 참가하여 강의할 기회가 있다면 강의 중간에 "여성 중에 가장 잘 알려진 여성은? 그야 태평양, 대서양, 인도양입니다."

　이런 유형의 조크를 하며 스몰 토크를 하여 보기 바랍니다. 그러면 당신은 강의 중에 청중들로부터 더욱더 사랑을 받는 그런 존재가 될 것입니다.

02 | 스몰 토크는 가장 가벼운 스킨십이다

말을 통한 가벼운 스킨십이 바로 스몰 토크랍니다. 가벼운 대화가 스몰 토크(Small Talk)인 셈이랍니다.

성공적인 스몰 토크를 구사하면서 서로 대화를 주고 받으려면 상대방이 화두가 된 일의 주제를 알고 있다고 생각하면서 말해야 한답니다. 그래야 상대방의 의견을 경청할 수 있답니다.

스몰 토크는 15초짜리, 1분짜리, 3분짜리, 5분짜리, 30분짜리 대화를 말한답니다. 스몰 토크는 작은 길이의 대화랍니다. 일상적인 만남들에서 스몰 토크를 주고받아 보시기 바랍니다. '이 사람 참 말 붙이기 쉬운 사람이구나.' 라는 말을 들을 수 있을 것입니다. 이처럼 필요 시 스몰 토크는 사람 사이를 부드럽게 한답니다. 그렇게 해서 스몰 토크는 서로의 가벼운 스킨십을 가능하게 한답니다.

한국에서 '거짓 학력 파문' 이 일던 2007년 어느 날입니다.

"영화 〈스네커즈 아이즈〉를 보면 인류 역사에서 거짓말이 가져온 잘못들을 제시하는 대화 장면이 나옵니다. '300년 전에는 거짓 등대를 만든다. 그리고 배가 거짓 등대를 보고 항해를 하다가 부딪치면 물건을 강탈한다.' 라는 대화가 거짓말이 가져오게 되는 적폐를 표현하고 있답니다."

이렇게 영화에서 언급하는 말을 비유적으로 해보는 것도 거짓 학력 파문의 시기에 스몰 토크를 통한 가벼운 스킨십을 할 수 있는 비결이랍니다.

스몰 토크는 이렇게 시사적인 이슈에서부터 시작하는 것이 좋습니다.

제주도에서의 신혼부부 이야기랍니다.
새벽에 부인에게 큰 음성으로 "좋은 아침!" 이라고 남편이 말합니다. 잠자리에서 일어나면서 처음 하는 말이랍니다. 스몰 토크인 셈이랍니다. 그가 하는 이런 '좋은 아침'이란 첫 마디는 온종일 아내의 귓가에 머문답니다.

아침잠이 많은 부인을 깨우는 신호랍니다. '좋은 아침!', 이 말은 아침에 부인을 깨우는 남편의 음성이랍니다.

"일어나세요!"보다는 ('좋은 아침'이라는 말이 더 좋은 느낌의 말이라고 하는 코멘트를 아내가 해서) "좋은 아침!" 이라고 한답니다. 서로 약속한 말이랍니다. 이것이 바로 스몰 토크랍니다.

아침잠이 많은 부인을 기분 안 나쁘게 깨우는 '좋은 아침'이라는 말 한마디가 부부 사이의 분위기를 좋게 하는 성과를 내게 한답니다.

스몰 토크는 간단하면서도 무엇인가 함의를 담은 말이랍니다.

인간은 세상을 만나서 살아가면서 스몰 토크를 많이 한답니다.

롱 토크(Long Talk)는 30분 이상 말하는 것을 이르고, 스몰 토크는 30분 이내의 말이랍니다. 스몰 토크와 롱 토크는 말하는 길이의 차이랍니다.

그렇다고 보면 인간들은 인생에서 스몰 토크를 하는 경우가 롱 토크보다 훨씬 많답니다. 스몰 토크는 그래서 인생을 좌우한답니다.

스몰 토크를 통해서 스스로 자기 인격을 만드는 것이 인간이랍니다.

03 | 너와 나를 연결하는 소통로(疏通路)이다

티파니라는 프랑스 주재원은 항상 회사에서 작은 음성으로, 적은 길이의 이야기를 한답니다. 그녀가 작은 음성으로 말하는 습관을 가진 것은 그의 어린 시절 부모님의 영향에 기인한답니다.

그녀는 항상 미소를 지으면서 말한답니다.

"그래요 저의 생각을 말하자면 이렇습니다."

하지만 그녀를 견제하는 발언을 한 사람이 한 명이라도 그 자리에 동석을 하면 그녀는 자기주장을 분명하게 밝히지 못하고 움츠러들고 만답니다. 그녀는 위선적인 자아를 드러내곤 한답니다.

음식점에 가서 음식을 단체로 시켜 먹는 자리에서도 자기가 원하는 메뉴를 분명히 밝히지 못한답니다. 다른 사람이 S, R을 시키면 그녀는 분명히 지금 U를 시키고 싶어 하면서도 위선적인 자아를 드러내서 S, R 중에서 시키고 만답니다.
 이런 '위선적인' 스몰 토크의 습관을 가진 것은 그녀의 가정환경에서 기인한답니다. 그녀는 위로 두 명의 언니가 있는 가정에서 자라납니다. 그녀는 언니들의 의견만 듣고 그것을 '티파니'의 의견으로 치부하고 의견을 별도로 묻지 않는 그런 엄마로부터 상처를 받으면서 자라납니다. 티파니가 어린 시절 자기의 의견은 묻지도, 말할 기회도 주지 않고 언니들이 시키는 대로 음식을 주문하는 엄마가 그녀의 스몰 토크를 억압해 버린 것입니다.
 짧은 길이의 말이지만, 말할 기회를 주지 않은 티파니 엄마의 태도가 아이로 하여금 스몰 토크 현장에서 거짓 자아를 드러내게 하는 버릇을 은연중에 갖게 한 것입니다.
 작은 음성으로 말하고 중요한 일에 대한 말도 잘 안 하고 지나가려는 티파니의 이런 태도는 직장 생활을 하면서도 드러난답니다. 그녀의 주장에 공격적으로 반대하는 사람이 한 사람이라도 주변에 있다면 그녀는 자기주장이 아닌 다수의 주장을 자기주장처럼 말한답니다. 거짓으로 된 '위선적 자아'를 드러낸답니다. 그리고는 속으로는 항상 불만을 갖는답니다. 그녀는 스몰 토크에서 행복하지 못한 상황에 놓여 있답니다. 그런 그녀 자신이 불만족스럽기까지 하답니다.
 이런 티파니에게 무슨 처방이 필요할까요? 그녀는 자기주장을 진정으로 하고 싶습니다. 스몰 토크에서 거짓 자아가 담긴 주장을 하고 싶지 않습니다. 진정으로 자기가 원하는 메뉴를 고르는 말을 표현하고 싶습니다. 티파니는 스몰 토크에서 위축된 자신을 발견하고 있습니다. 그래서 그녀는 결코 이런 자신의 인생에서 즐거움을 만끽하지 못하고 있답니다.

그 처방은 무엇이 있겠습니까? 티파니에게 해주고 싶은 말은 이것입니다.

"마음을 비우고 하고 싶은 말을 하라는 것입니다. 위선적인 태도를 고치라는 것입니다. 자기만족을 추구하는 경향도 인생에서 필요하다는 말을 티파니에게 해주고 싶습니다. 여럿이 음식점에 가도 자기가 시키고 싶은 메뉴를 시키라는 것입니다."

인생에서 스몰 토크는 서로의 만남을 이어주는 소통로(疏通路)랍니다.

진정한 만남은 스몰 토크가 성공해야 지속된답니다. 만남을 잘하려면 스몰 토크를 잘해야 한답니다. 하지만 한국인들은 스몰 토크에 서툰 경우가 많습니다. 서툴다기보다는 스몰 토크에 대하여 잘 모른다고 할 수 있습니다. 스몰 토크에 대하여 훈련을 받지 못하고 인생을 보내는 경우가 많습니다.

스몰 토크는 인생에 영향을 준답니다. 세상에서 스몰 토크가 많이 작용한답니다. 개인의 생활에 스몰 토크의 내용과 질이 작용을 하는 것이랍니다.

여러분이 만약 '용기에 대하여' 후배들에게 하고 싶은 이야기를 한다고 합시다. 여러분에게 할애된 시간은 10분이라면 무슨 이야기를 할 것인가를 생각하기 바랍니다. 여러 가지 내용으로 용기에 대하여 말할 수 있을 것입니다.

이런 내용의 스몰 토크는 적절할 수 있답니다. 다음 예를 보기 바랍니다.

"후배 여러분! 여러분이 직장이라는 일터에서 긍정적인 영향력을 확대하며 생활하려면 용기를 발휘하시기 바랍니다. 용기는 인생에서 가장 주요한 것입니다. 하지만 용기는 그렇게 대단한 것, 요란한 것은 아닙니다. 용기는 자기의 내적 신념을 키우고 지키는 일입니다.

인간은 참과 거짓이 많은 세상이란 광야(廣野)를 가는 존재입니다. 그 광야에는 참도 많답니다. 그 광야를 우리는 터벅터벅 걸어 간답니다. 그 길을 가면서 여러 세월을 거치는 중에 여러분은 존재하고 있다는 것을 알아야 합니다. 인생에서 모르는 것을 모른다고 하고 아는 것을 안다고 하는 것은 좋은 습관입니다. 하지만 세상을 살다보면 모르는 것을 안다고 하고, 아는 것도 모른다고 말하며 사는 인간들을 많이 보게 됩니다. 그런 것을 보고 많은 현대인들이 이것을 닮아가려는 경향을 보게 됩니다.

인생에서 힘든 일에 도전하면서 모르는 것을 모른다고 말하는 것은 용기입니다. 쉬운 일보다는 힘든 일에 도전하는 그런 용기를 가지세요. 모른다고 지구촌이 달라집니까? 모른 것을 모른다고 하면 여러분의 체면이 훼손됩니까? 그렇지 않습니다. 모르는 것은 모른다고 말해 주는 것이 바로 여러분이 알기 위해서 노력을 기울이는 계기가 됩니까? 세상 속에서 여러분은 항상 이런 것을 기억하시기 바랍니다. 모르는 것을 모른다고 하는 그런 용기 속에서 개인은 성장하는 법이랍니다. 그것은 진실을 향한 의지이고 용기입니다. 이것은 습관입니다. 용기 발휘를 자주 하다보면 그것이 습관이 된답니다. 진실 말하기를 자주해도 그것은 용기입니다. 진실 말하기를 자주해서 항상 진실을 이야기하는 습관을 키우세요. 그것은 바로 모른 것은 모른다고 말하는 태도로부터 잉태될 수 있는 선물인 것입니다.

일터에는 치열한 경쟁이 존재하지만 참된 것을 말하는 태도를 항상 견지하는 것이 필요합니다. 항상 용기를 발휘할 준비를 해가기 바랍니다. 매시간 매분 용기를 갖고 여러분의 일에 임하시기 바랍니다. 힘든 일에 도전하는 국면에서 작은 일에서도 정성을 다하는 태도, 그것은 용기를 먹고 자란답니다."

- 스몰 토크는 진실된 멘트로도 가능하다.
- 작은 몸짓을 곁들이면서 스몰 토크를 하는 것도 좋다.
- 30분 이내의 무슨 이야기도 스몰 토크가 된다.

04 | 개인의 브랜드 가치를 만드는 기술이다

또 다른 측면에서 스몰 토크란 무엇인가? 이 질문에 대하여 생각이 분분할 것입니다. 스몰 토크는 개인의 브랜드 가치를 만드는 기술이라고 할 수 있습니다. 개인의 브랜드 가치를 만드는 기술, 얼마나 좋은 기술입니까! 그렇습니다. 스몰 토크를 잘하면 개인의 브랜드 가치가 향상될 수 있답니다.

조그마한 예를 하나 들어볼까 합니다.

이탈리아에서의 일입니다. 체격이 크고 힘이 센 하이엘, 그는 말합니다.

"나는 그런 영화는 보고 싶지 않아. 액션 영화는 내가 좋아하는 스타일의 영화는 아니야."

그러자 같이 영화관 앞에 서서 무엇을 볼까 하고 상의하면서 서성이던 친구들이 의아해한답니다.

그녀가 평소에 활달하고 새로운 것들을 아주 좋아하는 그런 인물로 이미지가 된 터였거든요. 하지만 친구들은 하이엘의 이런 의견을 받아들여서 멜로물 영화를 선택해서 토요일 오후의 영화 보기를 합니다. 하지만 이들 친구들은 속으로는 불만이 조금 있었답니다. 그녀가 바로 속마음을 드러내는 이야기를 하지 않은 것이었기 때문입니다. 그녀는 "폭력이 자주 나오는 장면을 싫어하기 때문에 액션 영화를 좋아하지 않아." 이 말을 할 수도 있었는데 그 말을 안 한 것입니다. 그래서 친구들은 속내를 파악하지 못하고 하이엘이 액션 영화를 안 본 것, 그것을 배제하고 멜로 영화를 보게 한 것을 내심으로는 감정상 불만을 가진 것입니다.

"폭력이 나오는 영화 장면을 안 좋아해서 액션을 보고 싶지 않다." 하이엘이 스몰 토크로 자기의 속내를 말했다면 아마도 친구들은 오해를 하지 않았을 것입니다.

이 한마디의 스몰 토크를 그녀가 안 하는 바람에 친구들의 기분이 덜 매끄러웠던 것입니다

> 자기 인생에서의 오류를 스스로 용서하라. 그러면 스몰 토크를 더 자신감 있게 할 수 있을 것이다.

말하는 사람의 수준이 스몰 토크로 드러난답니다. 그래서 스

몰 토크는 자기 브랜드를 만들게 되는 것입니다.

스몰 토크에 숙련된 매너를 보인 분은 페스탈로치입니다.

"어린이를 보호하라. 그것은 어른들이 당연히 할일이다." 라고 그는 말했습니다.

페스탈로치가 평생 어린이들을 위해서 일한 것은 자기의 내면의 신념인 어린이를 보호하는 것을 용기 있게 행한 결과랍니다.

자기의 영역에서 용기 있는 존재가 되려면 내면의 기준을 세우고, 그것이 옳다면 스몰 토크 형식으로 주변에 하고 싶은 이야기를 하면서 용기를 발휘해서 끝까지 관철해 가기 바랍니다.

자기를 더 치밀하게 준비하는 것, 매너를 함양하는 일, 전문성을 기르는데 힘을 기울이는 것이야말로 스몰 토크를 할 때 긍정적인 자아 영향력 증대에 기여하게 될 것입니다.

05 | 스몰 토크를 즐기면 인생이 즐겁다

　스몰 토크를 재미나게 하면 인생이 즐거워진답니다. 스몰 토크는 그 자체로 즐거움의 원천을 제공한답니다. 스몰 토크를 적절히 하기란 어려운 법입니다. 그렇지만 스몰 토크를 너무 즐기면 안 해도 좋은 말을 하게 되고, 그렇게 되면 말을 통해서 남에게 고통을 줄 수 있다는 점을 기억하기 바랍니다. 그렇게 되면 스몰 토크를 통해서 인생의 즐거움을 느끼기 힘들어 질지도 모른답니다. 인생에서 즐거움을 항상 만끽하고자 한다면 적절히 스몰 토크를 할 수 있어야 한답니다. 스몰 토크를 적절히 하려면 우선은 말을 하는 상대방을 존중해야 합니다. 그리고 끝까지 그 말을 들어주는 태도가 중요하답니다. 가능한 범위에서 상대의 요구를 들어 주는 것이 좋습니다. 하지만 말로 상대가 요구해도 그것을 들어주지 못하는 경우는 많답니다. 이런 경우라도 상대의 말을 끝까지 들어주면 서로 기분이 풀린답니다.

그렇게 되면 서로 즐거운 인생의 길로 들어설 수 있답니다. 스몰 토크를 잘하면 인생이 성공적으로 된다는 것, 결국 스몰 토크가 인생을 즐겁게 만든다는 것은 이런 이유로 인해서입니다.

당신이 연말 모임에 참여했다고 합시다. 인생을 이야기하는 그런 모임에서 이야기할 것은 여러 가지가 존재할 것입니다. 무슨 내용의 준비가 좋을까요. 그 예를 하나 들어보도록 하겠습니다.

"여러분, 연말입니다. 연말이 가면 우리네 인생도 한 해가 가는 것입니다. 인생, 우리네 인생은 각자 무거운 짐 같은 것을 짊어지고 가는 존재랍니다. 각자 자기의 무거운 가방을 지닌 존재가 인간이랍니다. 그러므로 다른 사람을 만나면 인간은 서로를 항상 측은하게 생각하면서 인격적으로 대우하는 것이 필요하답니다. 각자 무거운 가방을 메고 항해하는 존재가 인간이랍니다. 항상 인간은 서로의 무거운 가방들에 대하여 이해심을 깊이 갖는 게 좋다고 할 수 있습니다."

이런 내용으로 스몰 토크를 하는 것이 하나의 방법일 것입니다. 이런 유형의 스몰 토크는 3분 정도면 됩니다. 이런 내용의 스몰 토크는 말하는 사람의 인간에 대한 근본 생각을 드러내는 말이라고 할 수 있습니다. 그런데 만일 여러분이 3분이 아닌 20분 정도의 말을 할 기회를 갖게 되었다고 합시다. 그렇다면 다음에 예시하는 정도의 스몰 토크를 해보는 것이 어떠할 것인가를 생각할 가치가 있답니다.

"여러분, 여러분이 가장 잘할 수 있는 일에서 시작하라는 메시지를 전하고 싶습니다. 젊은 시절은 인생에서 여러분의 직업을 선택하는 시기랍니다. 이 시기에 해주고 싶은 말은 이것입니다. 자기가 잘할 수 있는 분야로 가라는 말입니다. 인터넷 세상이 더 활발하게 펼쳐지면서 블로그가 주목을 받는답니다. 블로그(blog)를 통해서 자기의 정체성을 찾는 세대를 블로기(Blogee)라고 하는데, 대개 젊은이들이 많습니다. 이들 블로기 세대는 인생에서 선택할 기회가 많은 시기랍니다.

여러분에게 석주명이란 분의 이야기를 하고 싶답니다. 그는 나비 연구가로 자기의 모든 일생을 보낸 그런 사람입니다. 곤충인 나비는 전 세계적으로 2만여 종, 우리나라에만도 250종류가 존재하는 신비감이 많은 그런 곤충이랍니다. 나비를 연구한 업적을 이렇게 발휘한 데는 그가 처음부터 자기 인생의 진로를 이 분야로 정한 것 때문은 아니었답니다.

그는 멋있게 보이는 기타 연주자가 되기를 열망합니다. 청소년 시절을 거치면서 이런 열망으로 그는 기타 연주를 하고 악기에 관심을 보인답니다. 하지만 어느 날 마음을 완전히 바꾸는 일이 생긴답니다. 라디오를 듣고 있었답니다. 누이동생과 같이 말입니다. 라디오 속에서 들려오는 세고비아기타 연주 소리에 귀를 기울인답니다. 그가 이 연주에 흠뻑 젖는답니다. 석주명은 세고비아기타의 연주에 감동해서 진한 눈물을 흘립니다. 그러다가 누이동생에게 이렇게 말했답니다. '내가 저 정도의 기타 연주는 영원히 할 수 없을 거야.' 기타 연주가 자기의 잠재 적성에 맞지 않다는 것, 자기가 탁월한 기타 연주자로서의 자질을 갖지 못한 것을 느낌으로 체득한 것입니다. 그 후 석주명은 다시는 기타 연주를 하지 않는답니다. 그는 인생 진로를 바꾸기로 결심하고, '자기가 가장 잘하고 좋아하는 일이 무엇인가'를 고민합니다. 세세한 관찰력과 생물에 대한 흥미, 과학에 대한 적성을 결합해서 할만한 일생의 업(業)을 찾아냅니다.

그는 나비를 연구하려고 한반도의 많은 산야를 누빕니다. 희귀 나비를 찾아내고 연구합니다. 석주명은 이렇게 자기 진로를 정하고 자기 길에서 최선을 다합니다. 그는 나비의 대가가 된답니다. 여러분에게 해주고 싶은 말은 이것입니다. 석주명 선생처럼 정말로 잘할 수 있고 적성에 가장 맞는 일생의 일을 찾아서 그 역량을 개발하는 데 전심전력을 기울이라는 말을 하고 싶습니다."

물 한 모금을 더 마신 후 그는 말을 이어갈 수 있을 것입니다.

"이제 새 학기가 되었습니다. 희망을 갖고서 학교에서 생활을 시작할 것입니다. 그 속에서 하나 생각해 둘 것은 자기의 적성을 발견하는 일을 먼저 하는 그런 새 학기가 되기를 기대합니다. 자기의 일을 발견하고, 그 일을 하는데 필요한 공부를 하는 것은 행복한 자기 설계가 될 것입니다. 블로기 세대의 시기에 자기 적성을 발견하지 못하게 되면, 인생에서 아마도 토질을 조사하지 않고 빌딩을 지으려는 어리석음에 들어갈 개연성이 높아진다는 점입니다. 달리는 기차가 이따금씩 역에서 쉬어가듯 여러분이 공부를 열심히 하는 것도 필요하지만, 자기 분석을 먼저 하라는 말입니다. 자기 분석을 통해서 적성을 발견하기 바랍니다. 적성은 자기의 차별성을 만들 기초가 되는 것입니다. 건물을 짓기 전에 토질을 분석해서 어느 스타일의 건물을 어느 크기로 할 것인가를 정하듯이 여러분이 자기의 잠재성을 평가하는 적성 발견은 미래를 만드는데 가장 기초가 될 것입니다. 석주명 선생이 자기의 적성을 고려하지 않고 기타리스트로서의 인생을 구상해서 그대로 갔다면, 그는 자기 일의 분야에서 대가가 되기는 어려웠을 지도 모른답니다. 그가 자기 적성을 깨닫고 나비 전문가로의 자기 길에 최선을 다하여 성공한 것처럼, 여러분이 성공을 이루기 위해서는 자기의 적합한 자질을 발견하는 일을 시작하기 바랍니다. 부모님, 선생님의 도움이 필요하다면 여러분의 적성을 찾아가는데 도움을 요청하기 바랍니다. 적성을 발견해야 지구촌에 존재하는 수많은 직업 중 여러분에게 가장 행복을 제공할 대가가 될만한 그런 일을 찾을 수 있을 것입니다. 인생에서 진정한 선택의 기회는 철저한 자기 분석에서 시작된다는 것을 기억하기 바랍니다."

이런 스몰 토크를 하면 그들에게 유익함을 주고 여러분의 브랜드 가치도 올라갈 것입니다.

- 스몰 토크는 자기의 브랜드 가치와 자기의 사상을 담는 그릇이다.
- 의도를 담으려면 스몰 토크에 자주 참여하라.
- 스몰 토크는 바로 그 사람의 생각을 즐겁게 표현하는 수단이다.

06 | 한국인이 스몰 토크에 서툰 이유

곰곰이 생각해 봅니다. 한국인들이 스몰 토크에 서툰 이유를. 그것에는 여러 가지 이유가 존재한답니다. 그중의 한 가지는 바로 스피치로 상대에게 무엇을 부탁할 때, 말하는 사람 입장에서 상대방이 그 요구를 거절할 권리를 잘 주지 않으려고 하는 마음이 한국인들 사이에 많다는 것입니다. 이런 마음은 직장 생활을 하는 한국인들 사이에 흔하다고 합니다. 이런 것으로 인해서 한국인들은 스몰 토크에 서툰 경우를 많이 보게 됩니다. 이것을 극복해야 한답니다. 말로 상대에게 요구를 하지만, 상대에게는 그 말을 거절할 권리도 있다는 것을 인정하는 태도를 갖는 것이 필요하답니다.

곰곰이 생각하면 좋은 스몰 토크는 너와 나의 연결 통로입니다. 스몰 토크를 통해서 '너와 나의 이야기들이' 연결된다고 할 수 있습니다.

1929년 미국에서 주가의 하락으로 미국민들이 고통의 나락으로 들어가자, 당시 루스벨트 대통령은 고통 속의 국민들이 희망을 갖고 이를 극복할 용기를 주고자 〈국민과의 라디오 대화〉를 10분 정도씩 주기적으로 하게 됩니다. 많은 국민들이 이 방송을 듣고 용기를 얻고 희망으로 미국의 경제 불황을 이겨냈답니다. 이런 힘은 바로 스몰 토크의 영향력이라고 할 수 있는 것입니다. 스몰 토크는 대통령과 국민들 간의 연결 통로가 된 것입니다. 스몰 토크는 고통을 이길 힘을 제공하는 맨트를 제공할 통로인 셈입니다.

> 현상만 보지 말고 원인을 찾아서 스몰 토크를 하라. 이런 스몰 토크가 저축되면 문제가 해결 될 것이다.

인생길은 고통과 기쁨이 혼재된 삶의 파티 속에서 진행되는 게임 같은 것이랍니다. 지금 여러분이 파티에 참석 전이라고 합시다. 과학자들이 모인 파티랍니다. 여러분은 과학자라고 합시다. 어떻게 스몰 토크를 하고 싶은가요. 지금은 한창 황우석 줄기세포 파문 직후라고 가정하고, 그렇다면 무슨 스몰 토크 주제를 이야기할 것인가요?

대화 참여자 A는 말한답니다.

"2005년 11월부터 시작된 줄기세포 논쟁을 거치면서 한국의 과학 인재들은 논쟁이 마무리된 후 다가올 후폭풍과 과학계에 밀려올 직업 환경의 변화로 인하여 더욱 고민이 많아졌다고 한 과학도는 말한답니다. 지금 세계를 보면 국가별로 첨단과학 인력 싸움이 펼쳐지는 중이랍니다. 인문학 예술 분야 지식 직업인도 중요하지만 과학 기술 직업인들의 수준이 국가의 경쟁력을 좌우한다는 것을 현대 국가들은 안답니다."

이런 스몰 토크를 하면 B는 다른 말로 이런 대화를 이어갈 수 있을 것입니다.

"미국은 그래서 외국인들 중에서 미국에 와서 과학 기술 박사학위를 미국 대학에서 하도록 여러 시스템을 만들어 두고 있답니다. 플브라이트 장학금, IMF 장학금 등 다양한 장학금 제도를 통해서 미국에서 과학 기술 인력들이 박사학위를 하도록 은연중에 국가 정책을 가동하는 중이랍니다. 그리스, 캐나다, 한국, 인도, 중국, 영국의 우수한 과학도들이 미국의 대학에 가서 공부한답니다. 거기서 연구를 하면서 박사학위를 받는답니다."

대화가 무르익으면 C는 이런 말로 응수가 가능할 것입니다.

"거기서 미국은 두 가지를 생각한답니다. 우선은 미국통을 만드는 일, 두 번째는 미국에 눌러앉은 외국 박사 인력군을 얻을 수만 있다면 꽃놀이 패를 쥔 것이 된답니다. 미국 산업 기술 발달에 이들 이공계 인력의 역량이 고스란히 투영될 것이기에 그렇답니다. 장학금 조금 주고 미국 교육 산업 키우고, 고급 인력 얻고, 도랑 치고 가재 잡은 격이랍니다."

이렇게 한 주제를 두고 스몰 토크를 지속할 때는 스몰 토크는 생각만큼 어렵지 않다고 생각하는 것이 좋답니다. 하지만 항상 스몰 토크에 참여하는 사람들은 대화의 질과 깊이를 듣는 사람이 측정하는 마음을 갖는다는 것을 주의해야 한답니다. 대화를 듣던 참여자 D가 있답니다. 그는 이런 점을 의식한답니다. 그리고 수준 높은, 깊이가 약간 있는 그런 메시지를 담으려고 한답니다.

"그런데 미국 과학 기술 기관인 NSF는 외국인이 미국 대학에서 과학 기술 박사를 받은 후 노동 시장에 진입하는 행태를 두 가지 현상으로 분석하는 중입니다. 즉, 외국에서 온 우수 과학 기술 박사들이 학위를 마치고 본국에 돌아가는 경우와 미국에 남는 두 가지를 상정한답니다. 모국에 돌아가는 것을 브레인 회귀(Brain Circulation) 현상이라고 한답니다. 그러나 박사학위를 받고서도 본국으로 가지 않는 경우를 브레인 드레인(Brain Drain) 현상이라고 한답니다. 중국인 박사, 인도인 박사들이 본국에 많이 안 간다고 합니다. 브레인 드레인 인력군인 셈이랍니다. 임금과 근로 고용, 지위상의 문제로 이들은 모국으로 돌아가는 것을 꺼린답니다. 일본인들은 본국으로 많이 간답니다. 이들은 애국심에 의존해서 일본으로 가는 부류의 과학 기술계 박사들이 있다는 점이 특징이 있다고 합니다. 그래서 한때 일본인으로 박사학위를 받고서 일본으로 회귀한 인력의 비중이 어느 해에는 열 명 중 8.7명이었던 해도 있었답니다. 인도 과학 기술 박사학위를 미국에서 받은 열 명 중 7.9명이 미국에 눌러앉고, 인도 태생으로서 인도로 회귀한 과학 기술 박사가 2.1명인 것에 비하면 일본 고급 과학 기술 인력의 일본 회귀는 높은 편입니다. 일본이 회귀율이 높은 것은 고용의 지위가 거의 정규직화 하도록 일본 정부가 과학 기술 박사를 노동 환경에서 보호하는 정책을 적극적으로 시행하는데 기인한다고 할 수 있을 것입니다."

그러다가 이제 대화를 마무리하는 국면에 접어들었다고 합시다. 그렇다고 하면 어떻게 이 주제를 마무리할 것인가를 생각하기로 합시다.
참여자 E는 이 날도 평소처럼 대화에 늦게 참여를 한답니다.

"최근 미국에서 박사학위를 받은 사람 중에서 이탈리아 박사들이 미국에 눌러앉기를 원하는 비중이 높아지고 있다고 합니다. 왜 이런 현상이 파생하겠습니까? 이탈리아는 일본처럼 박사들의 일자리 및 지위에서 정규직 채용에 대한 비중이 낮아지기 때문이랍니다. 이탈리아의 형편은 국내외에서 박사를 받아도 걱정거립니다. 일자리를 만들기가 쉽지 않기 때문이랍니다. 종사상 지위도 그렇게 만족한 비중은 아니랍니다. 한 통계를 보면 이탈리아 박사 신규 취득자 중 임시직이 11.2%입니다. 포스트 닥은 12% 정도라고 합니다. 전체 취업자 중 72.1%가 정규직에서 일하는데, 그래도 박사들이 기업 부문에 많이 취업되고 있답니다. 하지만 한국은 다르답니다. 대학에 박사들이 집중 취직되어 있답니다. 기업 부분에 취업한 이공계 박사가 한국의 이공계 박사에 비하여 두 배로 많은 미국의 경우 산업에서 더욱 기여도가 높은 성과를 내는 중이랍니다.

　최근 한국인으로서 과학 박사학위를 미국 대학에서 받은 후 한국에 귀국하기보다 미국에 눌러앉기를 원하는 사람이 증가하는 것은 무엇 때문일까요? 그것은 한국의 박사 인력 노동 조건상의 지위가 정규직에서 점차 비정규직, 계약직 비중이 높아지는 고용 지위의 하락 현상에 기인함을 생각하여 봅시다.

　아울러 아시아 국가들을 중심으로 한 해외 우수 인적 자원 후보들이 우리나라 이공계 대학원 박사 과정에 다양하게 진학해서 공부할 수 있는 국제 장학금 시스템 같은 것들은 만들 필요가 있지 않을까 생각합니다. 그래서 우리나라 대학에서 공부한 외국인 박사들이 한국에 많이 머무르려고 하는 브레인 드레인 현상이 많아지면 우리는 보다 과학 기술 강국이 되는 길로 전진하게 될지도 모른 답니다."

　이런 식으로 스몰 토크를 마무리하는 것도 바람직한 장면이라고 할 수 있답니다.

- 스몰 토크를 통해서 너와 나는 통한다.
- 한 주제를 두고 여러 명이 스몰 토크를 하면 서로 친밀해 진다.
- 스몰 토크를 통한 너와 나의 연결은 서로의 인간적인 교감을 진지하게 해준다.

제 2 장

[스몰 토크의 가치]

스몰토크 성공법칙

1 오류의 최소화를 만들어 준다

　스몰 토크의 가치는 여러 가지가 있답니다. 스몰 토크를 잘하면 오류를 최소화할 수 있답니다. 이것은 인생에서 더욱 그렇답니다. 오류의 최소화를 통해서 인생을 보다 성공적으로 만들어 갈 수도 있는 법입니다. 작은 대화를 적절히 하면 오류를 예방하는 기능을 발휘할 수도 있는 것입니다. 오류의 최소화를 기대하면서 스몰 토크를 적절히 해가는 습관을 길러 보기로 합시다.

　작은 말 한마디로 오류를 최소화할 수 있는 힘을 보유하는 경우가 있답니다. 그러므로 적절한 스몰 토크는 반드시 필요하답니다.
　세상에는 결론을 알기 쉬운 말이 있답니다. 그렇지만 스몰 토크 현장에서는 항상은 아니지만 결론을 알 수 없는 말을 하는 경우가 많답니다. 이런 경우에는 상대방의 말을 중간에 가로채는 사람들이 많습니다. 그렇게 되면 스몰 토크를 성공적으로 하기 힘이 듭니다. 그렇게 하지 않기를 바랍니다. 스몰 토크를 하는데 성공하려면 결론을 내기 어려운 주제의 말이라도 다 들어 주는 태도가 필요하답니다. 답답한 태도로 말을 해도 그렇습니다. 답답한 태도로 상대가 말을 해도 중간에 자르지 말기 바랍니다. 다 들어 주시기 바랍니다. 여러분은 그렇게 하면 성공적인 스몰 토크를 할 수 있을 것입니다. 스몰 토크에서 오류를 최소화하는 것은 상대의 말을 정중하게 끝까지 들어주는 데서 출발한다는 것을 기억하기 바랍니다.

01 | 동료 간의 커뮤니케이션 장애를 극복해 준다

　직장에서 일하다보면 동료 간에 커뮤니케이션 장애가 많답니다. 현대 사회에서는 더욱 그렇습니다. 이런 상황을 스몰 토크가 풀어 줄 수 있답니다. 예를 들어 봅시다. 동료 간에는 항상 말조심이 필요합니다. 스몰 토크를 잘하면 동료 간에 즐거움을 만끽하고 좋은 인간관계를 맺어 갈 수 있는 것입니다.

　덴마크에서의 일입니다. 덴마크가 농업에서 상당한 수익을 올리던 시절, 달구미라는 여성의 농장에서의 일입니다. 그녀는 오늘도 동물들과 대화를 한답니다. 동물들의 눈동자들을 바라봅니다. 그녀는 동물들의 눈동자를 보면 동물들의 건강을 파악할 수 있었답니다. 오랫동안 자기의 한 분야에서 일을 하다보니 동물들의 눈동자를 보면서 건강에 대한 숨겨진 정보를 찾는 능력을 갖게 된 것이랍니다. 달구미라는 여성은 동물들과 자주 접하면서 이들을 대하는 태도를 배웁니다. 거기에 배운 것은 작은 대화라도 동물들이 진지하게 받아들인다는 것입니다. 그녀는 수출 바이어들을 만납니다. 키우는 소를 수출하기 위해서입니다.

"이번에 덴마크산 소 200마리를 수출하고자 합니다. 가격은 한 마리당 5년생은 얼마이고, 10년생은 얼마입니다."

이렇게 가격 흥정을 한답니다. 가격은 소의 상태를 고려해서 정하는 것이지만, 일단은 이런 식으로 대화를 한답니다. 그러면서 그 소 수입업자가 의도하는 바를 파악한답니다. 스몰 토크는 진행을 하다보면 상대의 마음에 내재된 비즈니스 정보를 파악할 찬스를 얻게 된답니다. 이렇게 대화를 하면서 커뮤니케이션 장애를 예방한답니다.

그렇습니다. 이처럼 세상의 비지니스 정보는 스몰 토크를 통해서 전파됩니다. 이런 과정을 거쳐서 세상의 말이 만들어 지고 중요한 비하인드 스토리가 이동합니다. 스몰 토크는 숨겨진 정보랍니다. 인간의 혀는 사람을 고통스럽게 하기도 하고 사람을 행복하게 하기도 합니다. 한 입으로 두 가지를 말하는 것이 인간의 혀입니다. 그래서 말을 삼가서 해야 하는 이유가 여기에 존재한답니다. 좋은 스몰토크는 지속적으로 그 직장인의 역량을 강화되게 될 것입니다.

02 | 상상력이 극대화된다

좋은 말 한마디를 주고받으면 상상력으로 연결된답니다. 한 마디의 말이 인간의 상상력을 각자 자극하는 촉매의 역할을 한다는 것입니다. 세상의 이치 속에서는 "기다리라, 그리고 준비하라, 작은 '언행'에서 단서를 찾고 준비하라." 라는 말이 있답니다. 그렇습니다. 작은 말 속에서 가능성을 보고 상상해서 준비를 철저하게 하면 찬스가 오는 법입니다. 상상력을 극대화하는 스몰 토크는 그 자체로서 가치성이 높답니다. 상상력을 극대화하려면 스몰 토크에 신경을 기울이기 바랍니다. 스몰 토크는 이제 서로를 알고 상상력을 주고받는데 도움이 된답니다. 스몰 토크의 대화 내용은 서로에게 영감을 준답니다. 그래서 서로의 상상력의 샘을 자극하게 된답니다. 이렇게 자극된 말은 서로의 상상력을 극대화하게 한답니다. 그래서 작은 대화가 가치가 있는 것이랍니다.

이를 테면 이렇습니다.

R은 산을 좋아합니다. 그는 지인(知人)들과 산행을 하는 길에 점심을 먹으면서 대화가 시작됩니다. 들판엔 개나리가 만발하는 중이랍니다. 개나리 진달래가 이곳저곳에 보입니다.

스몰 토크를 잘하는 R이 말을 시작합니다.

"요즈음 기능 인력이 부족해서, 특히 젊은 기능 인력이 부족해서 산업계가 어려움을 겪는다면서요."

일종의 스몰 토크의 주제를 말하는 멘트랍니다. 오늘의 스몰 토크의 멘트를 제시하는 말입니다.

스몰 토크의 주제를 던지는 일은 상당히 중요한 의미가 있답니다. 그러면 이런 스몰 토크의 주제를 제시하는 방법이 있답니다.

하나, 공통된 관심을 이끌어낼 수 있는 주제일수록 좋답니다. 공통된 관심을 만들어 낼 주제를 잘 제시하는 것은 재치랍니다.

둘, 주제를 제시한 사람이 그 주제에 대하여 다양한 식견을 가진 사람일수록 좋답니다. 대화를 하다가 참여 중에 난관에 직면하면 그것을 풀어줄 아이디어를 제공할 수 있을 것이기에 그렇답니다.

셋, 가벼운 주제, 무거운 주제, 중간 정도의 주제를 구분해 두고 그 당시의 분위기나 상황을 봐서 주제를 제시할 수 있어야 합니다. 상황에는 대화 참여자들의 지적 수준을 나름대로 판단하는 일도 필요하답니다.

03 | 스트레스를 이겨 내는 힘을 길러 준다

　스몰 토크를 잘하게 되면 스트레스를 이기는 파워를 보유하게 된답니다. 스몰 토크는 일종의 카타르시스 같은 역할을 해주기도 합니다. 그래서 스몰 토크를 하면 하루하루 젊고 역동적으로 지낼 수 있는 것입니다.
　세상은 좋은 일도 있지만 속상하는 일이 많은 곳입니다. 이런 세상에서 속상한 적이 있는 이야기를 할 때는 자기감정을 그대로 드러내는 것도 좋습니다. 솔직하게 자기가 속상한 이유를 다 드러내면서 이야기하는 것이 스몰 토크에 성공하는 비결 중의 하나가 될 것입니다. 각색을 할 필요는 없답니다. 속상한 내용을 그대로 말하기 바랍니다. 속이 상한 이유를 명백히 상대에게 말하는 것은 자기의 속을 푸는데도 도움이 됩니다. 하지만 남에게 인신공격은 하지 말기 바랍니다. 인간은 각기 자기 생각을 지닌 존재이므로 그렇습니다. 더구나 속상한 이야기를 하면서 남을 비난하기만을 일삼아서는 곤란하답니다. 속상한 일을 이야기하면서 남에게 책임을 넘기는 투로 말하는 것도 좋지 않습니다. 자기가 속상한 자기감정을 그래도 진솔하게 말하는 것이 좋습니다. 정제되고 세련되게 말하기 바랍니다. 하지만 진실의 콘텐츠만큼은 그대로 포함해서 말하는 것이 좋습니다. 이런 태도로 말하면 스트레스를 이겨내는 힘을 스몰 토크를 하면서 얻을 수 있을 것입니다.

"그랬답니다. 정수직업학교를 세운 후 3공화국 정부 관계자들은 이제 한국의 제조업의 기초를 세운 것 같다고 말할 수 있었답니다. 열매를 수확할 날이 언젠가는 올 것이라고 생각했답니다. 이들은 기술 능력이 아무리 발달해도 마지막 볼트, 너트, 기계를 만지는 자의 손의 기술이 바로 제품의 품질을 결정해 줄 것이라고 확신했답니다. 그들의 판단은 적중했답니다. 1980년대 중화학 기계, 1990년대 이후의 자동차 선박 반도체의 제품들은 이들 기능인들의 손끝에서 마무리되어 나왔답니다. 그리고 우리는 자동차 선박 반도체에서 돈을 벌어 먹고살았답니다. 하지만 이제는 걱정이랍니다. 조선소에 가면 40대 이하의 기능인들을 찾아보기 힘들답니다. 공대 졸업생보다도 더 채용하기 어려운 인력이 조선소에서 배를 만들 기능인들이랍니다." 라고 주제를 먼저 제시한 R이 이 문제를 이렇게 설파합니다. 그러자 G가 파고든답니다. 대화 참여자로서 G는 다음과 같이 더 말을 잇는답니다.

"2015년경이 되면 한국에서 제조업 기능인들, 이들은 금값이 될 것입니다. 앞으로는 다수의 젊은 기능 인재를 구할 수 없답니다. 조선소 엔지니어들은 걱정이 이만저만이 아니랍니다. 중국에 자본이 투자되어 조선소들이 생겨나는 속도가 빨라지는 중이랍니다. 이들 중국에는 한국과는 달리 조선소에서 일할 젊고 숙련된 젊은이들이 많답니다. 자동차 회사의 채용 담당 이사들의 걱정은 날이 갈수록 깊어만 간답니다."

주고받는 이런 스타일의 스몰 토크 속에서 서로 대화는 깊어간답니다. 깊어가는 대화는 정이 무르익는 기운이 난답니다. 스몰 토크는 인생에서 스트레스를 적게 만드는 효과가 있는 것입니다.

04 | 감정을 단련하고 조절하는 법을 익히게 된다

J.C 씨는 프랑스 전대통령이자 미식가입니다. 그는 핀란드 음식을 먹고는 그 음식을 폄훼하는 발언을 한답니다. 핀란드 음식은 먹기에 좋습니다. 맛도 있습니다. 그런데 J.C 대통령에게는 아마도 별로였나 봅니다. 하지만 J.C 대통령의 이야기를 전해들은 핀란드인들은 감정이 상합니다. 그가 프랑스 대통령이어서 그 임팩트가 강한 것에 영향받은 반응일 것입니다. 그렇습니다. 작은 말 한마디가 핀란드인의 가슴을 아프게 한 것입니다. 스몰 토크가 가치 있는 것은 감정을 단련하고 조절하는 법을 스몰 토크 연습을 통해서 가능해 진다는 점 때문입니다. 작은 대화는 감정을 단련하는데 도움이 된답니다. 작은 대화를 자주 수련하듯이 하면 감정을 조절하는 법을 배우게 된답니다.

스몰 토크에서 피해야 할 것은 상대의 취약점을 너무 리얼하게 언급하는 일이랍니다. 이런 과정을 거치면 대화 상대방은 스트레스를 받는답니다. 대화 상대방의 스트레스는 여기서 그치는 법은 없답니다. 대화 상대방에게 스트레스를 주는 이야기들은 자기에게 언젠가는 오는 법이랍니다. 스몰 토크는 자기의 인품을 드러내게 된답니다.

상대방의 수입 구조를 너무 구체적으로 물어 보는 그런 스몰 토크는 삼가는 것이 좋답니다. 질문하는 사람이 너무나 천박해 보일 수도 있답니다. 인간에겐 수입 구조가 중요하답니다. 하지만 이것을 너무 구체적으로 질문하는 것은 그렇게 바람직하지 못하답니다.

그러므로 여러분이 스몰 토크를 하고자 할 때에는 개인의 프라이버시를 구체적으로 훼손하는 그런 질문을 상대방에게 하지 않도록 유의할 필요가 있답니다. 스몰 토크를 통해서 개인의 성품이 드러난다는 생각을 명심하기 바랍니다.

스몰 토크라는 것은 원래 작은 크기의 대화입니다. 그러므로 스몰 토크는 즐겨야 한답니다. 스몰 토크를 즐기는 사람은 행복합니다. 스몰 토크를 즐기려면 무엇을 어떻게 해야 합니까. 그것은 상대를 공격하지 않는 언행으로부터 출발할 수 있는 것입니다. 대화를 하는 중에 은연중 스트레스를 주는 그런 대화자들이 있습니다. 그런 대화자들은 자기의 스몰 토크 방식을 고쳐야 한답니다. '가능 인력'에 대한 대화는 이렇게 이어질 수 있을 것입니다. 대화가 S에 의해서 이렇게 전개 될 수 있다는 것입니다.

예를 한 번 볼까요.

"한국의 제조업체들이 기계과, 전기과, 자동차공학 연관 기능 후속 세대를 채용해서 일터에서 훈련을 해야 하는데, 거의 40대 50대의 기능인들이 일터에서 자동차를 만드는 중이랍니다. 이들의 역할은 갈수록 중요해 지는 중이랍니다. 무려 자동차 한 대를 만드는데 일만 오천 개 이상의 부품이 조립되는 현장을 파악하고 그것들의 완성도를 체크해야 한답니다. 그래서 더욱 그렇답니다. 자동화된 공정이 상당 부분 차지해도 역시 중요한 부분은 사람의 손과 눈길이 필요하답니다. 나이 많은 기능인들의 숙련도는 높답니다. 이들이 후속 기능인들에게 노하우를 전수해 주는 시간을 갖지 못하면 자동차의 불량률은 높아만 갈 것이고, 젊은 기능인이 없는 자동차 공장의 엔지니어링의 생산성은 높아질 수 없을 것이기에 그렇답니다. 그것만이 아니랍니다. 글로벌 시장에서 자동차들이 현지에서 제조되어 판매되는 상황이 더욱 가속화될 텐데, 이렇게 기능 후속 인력이 턱없이 부족한 우리나라에서 자동차를 제조하는 비즈니스의 전개가 순조롭게 진행될 것인가가 문제랍니다. 외국인 노동자를 데려다가 기능을 가르치는 데도 한계가 있습니다. 그런데도 명장들에게 금전적인 보상을 해주는데 몇몇 기능 장려 정책에만 힘을 기울이는 정부 정책의 모습은……. 10대부터 기능인에의 직업 진로 설정이 필요한데도 팔짱을 끼고 있는 정책 당국의 행태가 오버랩되면서 이러다가 선박 자동차 등의 영역에서도 다른 나라에 시장을 잠식당하는 날이 올지도 모릅니다. 그렇지 않기 위해서 정부도 기업도 학교도 신경을 기울일 필요가 있답니다."

- 스몰 토크는 숨겨진 정보를 노출하게 한다.
- 은밀한 정보들이 스몰 토크를 통해서 유통된다.
- 스몰 토크는 하면 할수록 세상 속의 가치 높은 정보에 가까이 갈 수 있다.

05 | 인간 사이의 갈등을 최소화하는 지혜를 길러 준다

 직장에서 갈등을 최소화하면서 일하고 인간관계를 만들어 가기란 쉽지 않답니다. 말을 해야 속을 안다는 한국의 속담이 있습니다. 이런 속담의 내면을 보면 적절한 스몰 토크가 인생에서 지혜를 제공한다는 것을 이야기하는 것입니다. 작은 대화를 자주 하는 연습을 하면 그것으로 정보와 지혜를 얻어서 갈등을 최소화하는 방향으로 자기 인생의 항해를 해갈 수 있답니다. 이런 자기 갈등의 최소화의 길로 인도하고 조련하는 것은 바로 좋은 스몰 토크인 것입니다.

 칠레에서의 일이랍니다. 클라우 테머라는 분은 오늘도 도심의 주차장에 차를 주차한답니다. 그리고 자기의 오피스로 향하는 엘리베이터를 탄답니다. 그는 칠레에서 민사소송에 밝은 변호사로 정평이 난 인물이랍니다. 그는 BMW 차를 타고 다닙니다. 그는 말을 잘하는 변호사는 아니랍니다. 하지만 그는 속세의 이면사를 너무나 잘 파악하는 그런 성향을 지닌 인물로 칠레에서 소문이 났답니다. 그래서 칠레에서 큰 민사소송이 발생하면 자발적으로 문제를 갖고서 클라우 테머를 찾아오는 경우를 많이 보게 된답니다. 그는 자신의 차 안에서 주고받는 스몰 토크를 통해서 주로 속세의 이면사를 파악한답니다. 혹시라도 모를 민사소송 상대방의 도청을 우려한 것이라고 합니다. 이런 그의 습관은 사람들 속에서는 비밀 같은 것입니다. 그는 차안이라고 해서 도청이 안 되는 지역은 아니지만, 그래도 자기의 오피스보다는 더 안전하게 비밀을 유지하면서 스몰 토크를 할 수 있는 곳이 바로 자기 승용차 안이라는 생각을 한답니다. 속세의 이면사를 그가 그렇게 잘 파악하고, 그것을 분쟁 사건에 적절히 적용해서 그는 승소를 많이 이끌어낸답니다. 그가 그렇게 할 수 있는 것은 그의 소송 의뢰인들과의 긴밀한 스몰 토크를 통해서 세상의 이면을 파악하는 그의 노력 덕분이라고 할 수 있답니다.

  스몰 토크는 세상의 뒤 배경 속에 감추어진 그런 이야기를 듣는데 적합하다는 것을 그는 파악한 것입니다. 스몰 토크를 통해서 팩트를 파악하는 일을 그는 지속적으로 한답니다. 속세의 이면사를 파악해서 그는 충분한 정보를 자신이 알고서 변론을 한 것이 그의 편이 승소하는데 주효한 것입니다.

속세의 이면사를 많이 알수록 유리하답니다. 속세의 흐름은 이야기를 통해서 알 수 있답니다. 스스로 세상의 이면사를 알려면 스몰 토크에 자주 참여하는 것이 좋습니다. 공식 저널리즘에 활자화, 보도되기 힘든 내용이 스몰 토크 현장에서 전파됩니다. 그래서 세상 물정을 제대로 파악하려면 속세의 스몰 토크에 자주, 깊이 참여하는 것이 필요하답니다. 스몰 토크는 속세의 이면을 담고 있답니다.

> 한마디의 정다운 스몰 토크가 세상의 무게를 가볍게 만들어 주기도 한다.

당신이 만약 어느 곳으로 가기 위해서 기차를 탄다고 합시다. 옆 좌석에 누군가가 타고 있습니다. 당신은 이런저런 대화를 나눌 수 있습니다. 하지만 피곤하면 잠을 자면서 여행을 할 수도 있습니다. 어느 방향으로 하든지, 그것은 당신의 자유랍니다. 이런 상황에서 당신은 대화를 나누고 싶습니다. 말을 하여 보니 그 사람의 지적 수준이 높게 느껴진다면, 더욱더 대화를 하고 싶을 것입니다. 무엇을 어떻게 시작하고 싶은가를 생각하기 바랍니다. 가장 좋은 방법은 시사적인 문제를 이끌어내는 것이랍니다.

최근 한국 사회를 시끄럽게 했던 하 모 씨의 로비 이야기를 화두로 채택하여 보기 바랍니다. 이런 화두(話頭)는 초면에 만난 사람들과의 대화에서 자연스럽게 이어질 수 있는 대화 소재랍니다. 스몰 토크의 성패는 스몰 토크를 하려는 사람의 화두 선택에 달린 문제랍니다. 이런 문제를 제대로 풀어 가도록 당신은 무엇을 할 수 있는가를 깊이 생각하기 바랍니다.

"그런데 말입니다. 이번의 하 모 씨 스캔들 아시죠?"

이렇게 상대방의 화두에 대한 인식 수준을 먼저 알아보아야 한답니다. 상대방의 화두에 대한 인식 수준을 먼저 파악하는 과정을 거치는 것이 좋습니다. 스몰 토크에서 서로 즐거움을 가지려면 서로 열정을 갖고 토론을 즐길 대화의 화두를 선택하는 것이 선결 과제랍니다.

> 부녀자들이 모인 모임에서 스몰 토크 중에 "여러분, 오빠가 아빠 된 경우……, 자 손들어 보시죠?" 라고 하는 것은 분위기를 부드럽게 하는 스몰 토크이다.

II 새로운 영감을 얻을 수 있다

01 | 인생의 난제를 의외로 쉽게 풀어 준다

　스몰 토크에 성공하는 사람들은 남의 인생 문제에 관한 이야기를 경청해 주는 습성을 발휘하는 경우가 많습니다. 이들은 상대의 이야기를 들으면서 누구의 잘잘못을 생각하지 않습니다. 그냥 다 듣습니다. 그리고 말하는 상대의 감정을 생각합니다. 말하는 사람이 무엇을 원하고 있는가를 생각합니다. 그러면서 인생의 조언을 생각합니다. 적절한 조언을 통해서 그 사람이 그 문제를 이기고 새 힘을 얻게 만든답니다. 스몰 토크는 인생의 난제를 풀게 만듭니다.
　한국 사회는 근래에 로비스트들의 혼탁한 활동으로 물의가 생겼답니다. 로비스트들의 이런 바르지 못하고 공정하지 못한 로비는 비판받아야 한답니다. 하지만 모든 로비 활동이 다 나쁜 것일까요? 바르고 정당한 로비는 필요한 것인지도 모른답니다. 하지만 지난 세월 문제가 된 한국 내의 일부 로비 활동이 그릇되다 보니 본래적인 의미에서의 로비스트들의 활동이 왜곡되는 것 같다는 생각도 든답니다.

이런 이슈가 사회의 주제로 등장하는 시기에 여러분이 어떤 모임에 간다고 합시다. 그러면 여러분은 주제를 이렇게 설정하고 스몰 토크를 시작할 수 있을 것입니다.

'로비스트 필요한가?' 라는 주제를 그 자리에 모인 분들에게 화두로 던질 수 있을 것입니다. A는 이렇게 대화를 시작할 수 있을 것입니다.

미국의 대학을 졸업하고 미국 내 상장 회사에 취직해서 첫 발령지로 뉴욕에 온 갓 대학 졸업한 젊은이에게 묻는답니다.
"20년 후 자네 꿈이 무엇인가?"
"저의 꿈은 로비스트가 되는 것입니다. 20년 후에 유능한 로비스트가 되고 싶습니다. 그래서 워싱턴에서 저의 전문적인 역량을 발휘하면서 로비스트로서 일하게 되는 것이 저의 꿈입니다."

만약 누가 이런 화두를 만든다면 여러분은 대화를 어느 방향으로 가져가겠습니까?

이런 답변을 하는 젊은이들이 미국에는 많답니다. 로비스트가 왜 미국에서는 선망의 대상이 되는 직업일까요?

  일을 하는데 필요한 전문 정보를 주면서 의뢰인으로부터 로비할 일을 받아서 일이 성공적으로 이뤄지도록, 커뮤니케이션을 하는 일을 하는 직업인이 로비스트랍니다. 그래서 미국에는 그 분야의 전문적인 식견과 경험, 인맥을 축적한 전문가들이 로비스트의 직업으로 커리어 체인지를 해서 일하는 사람들이 많습니다.

  B는 이런 내용으로 말을 이어갈 수 있을 것입니다.

  "이들 로비스트들은 중앙 행정부가 모여 있는 워싱턴에 많이 짐을 푼답니다. 워싱턴에서 아랍의 석유회사를 위해서 일하는 전문 로비스트부터 아시아의 국가 이익을 위해서 일하는 로비스트들, 미국 내의 이민 정책에 영향을 주려는 로비스트 등 로비스트의 전문화 양태는 다양하답니다. 이들은 미국 상원의원을 만나기도 하고, 하원의원을 만나거나 행정부 관료들을 만나서 필요한 정보를 서로 교환합니다. 이들의 언행은 거의 노출이 된답니다. 그리고 일정한 시간 후에는 이들의 수입과 지출도 노출이 되는 그런 시스템이 이미 갖춰져 있습니다. 은밀하게 밀실에서 일이 이뤄지는 것 같지만, 과정이 투명하게 공개되는 그런 상황에서 로비가 이뤄진답니다. 그래서 미국의 로비스트들은 가슴을 펴고 일을 한답니다. 그리고 그들은 전문성이 인정되고 일이 원하는 방향으로 잘 전개되면 성공 보수금 비슷한 보너스를 받기도 한답니다. 젊은이들은 여러 가지 색다른 직업 분야에서 일을 하지만, 이들이 저축한 전문성은 로비스트로서의 직무 수행 중에 노출이 된답니다. 그리고 그런 직무 노하우는 국가 사회의 자산이 되는 선순환 구조로 이 시스템이 운영된답니다. 물론 이를 위해서 미국도 무수한 노력을 경주한답니다. 초기에는 정치인, 법조인, 행정부 관료들에게 투명하지 못한 상태에서 로비를 하곤 했습니다. 하지만 이들 로비스트들과 관료, 정치인 사이에서 여러 가지 부정적인 요소들이 파생했답니다. 이것을 최소화하기 위한 여론이 일어난 것입니다. 그러고 나서 로비에 관한 법제들이 만들어 졌답니다. 이런 과정을 거쳐서 미국에선 '로비스트' 들은 당당한 직업으로 자리매김했답니다."

다른 스몰 토크 참여자 C는 이렇게 이야기를 지속할 수 있을 것입니다.

"로비를 한다는 것은 사회가 존재하는 한 불가피한 일일수도 있습니다. 로비가 반드시 부정적으로만 볼일은 아니랍니다. 하지만 대가가 오가고 공정하지 못한 현상을 야기하는 로비는 분명히 금지되어야 한답니다. 이를 위해서는 합법적으로 이런 직업 분야가 뿌리를 내리도록 해가야 한답니다. 이를 통해서 전문적인 역량을 갖춘 로비스트들이 의회 주변에서 활동할 공간을 만들어 줄 필요를 검토해야 한답니다. 로비스트를 보다 기획력 있게 양성해 가야 한답니다. 로비스트들의 정당한 활동이 직무 과정 중에 공개되도록 해야 할 것입니다. 이런 것을 통해서 더는 불법적이고 은밀하면서 공정하지 못한 로비들이 진행되는 일이 없도록 사회 시스템을 개선할 필요가 있습니다. 역사적으로 보면 세상에 현안이 존재하는 한 로비는 존재한답니다. 항상 사람들은 존재할 수밖에 없는 로비를 근절하려고 했지만, 이것이 성공한 예는 거의 없습니다. 어느 국가 사회도 마찬가지랍니다. 그렇다면 로비가 존재하는 세상을 있는 그대로 인정하기로 합시다. 그리고 그들이 공정하게, 당당하게 일하도록 사회 시스템을 투명하게 만들어 가는 것이 좋을 것입니다. 이렇게 되면 한국의 청년들도 그들이 20년 이상 한 분야에서 일한 후의 희망을 묻는다면 이렇게 말할 수 있을 것입니다. '저의 미래 꿈은 좋은 로비스트가 되는 것입니다. 제 분야의 전문성을 저축해서 말입니다'."

- 속세의 이면을 파악하라. 그러려면 스몰 토크에 참여하라.
- 세상의 뒷이야기를 스몰 토크로 표현하라.
- 스몰 토크를 자주하면 일의 배경을 파악할 수 있는 지혜를 얻게 된다.

02 | 의견을 표출함으로써 해법을 찾을 수 있다

　스몰 토크는 유행 감각이 내포될수록 유익하게 된답니다. 스몰 토크에 참여하면 유행 감각을 알 수 있답니다. 브레인스토밍을 한 후에 얻게 되는 콘텐츠를 스몰 토크에서 만날 수 있답니다. 감동이 존재하는 콘텐츠가 바로 스몰 토크랍니다. 아울러 세련된 품격을 맛보려면 스몰 토크에 참여해야 한답니다. 스몰 토크가 진행될수록 그것의 구성의 핵심은 바로 정보와 이미지라는 것을 알게 될 것입니다.

　스몰 토크에는 감각이 존재하는 것이랍니다.

　감각을 만나지 못하면 그는 자유를 만나기는 힘들 것입니다. 자유를 제대로 확보하면서 대화를 지속하려면 스몰 토크를 감각의 지배 아래에만 두지 말고 이성의 지배하에 두기 위해서 모든 개인과 조직들이 노력해야 한답니다. 스몰 토크는 상대방이 평가한다는 생각을 더욱 강하게 인식할 가치가 큽니다.

　스몰 토크 위력을 경시하지 않아야 한답니다. 의지를 갖고 스몰 토크를 해야 한답니다. 하지만 공격적으로 대화하는 것을 피하려는 그런 부류의 사람들이 존재한답니다. 이들은 다른 사람들의 스피치를 통한 공격에 스트레스를 받아 본 사람들이랍니다. 실제로 스피치 공격은 파워가 세답니다. 그래서 가능한 한 스피치 공격은 안 해야 한답니다. 스피치 공격을 안 하는 대신 유의해야 하는 점이 있답니다. 그것은 공격적으로 비치는 스피치를 안 하려고 보니, 자기주장을 펴야 하는 부분에서 지나치게 자기주장을 안 하는 그런 행태를 보이는 현대인들이 증가한다는 점입니다.

인생에서 즐거움을 누리면서 생활을 하려면 자기주장을 확고히 해야 한답니다. '노'라고 말하는 것이 필요할 때는 단호하게 그렇게 하여야 한답니다. '노'라고 말하는 것은 용기가 필요한 일이랍니다. 스몰 토크에서 항상 생각할 것은 이런 점입니다. 자기주장을 명확하게 해야 한다는 점입니다. 이미지가 만들어지기 전에 적절한 방어를 해야 하는 것입니다.

어느 모임에서 "그분들로부터 그런 선물을 받은 당신 좀 그렇습니다." 이렇게 공격을 받으면 "아, 그분들은 저와 이런저런 인연이 있어서 그런 선물을 한 것으로 압니다. 제가 결코 그 선물을 적극 원한 것은 아니랍니다." 이런 정도의 자기방어는 바로 해야 한답니다. 만약 이런 말을 듣고도 방어를 스스로 안 하고 넘어가면 그 자리에 참석한 다른 사람들은 오해를 할 수도 있다는 말입니다. 스몰 토크의 기술과 전략이 필요한 이유는 이런 곳에 내재되어 있는 것입니다.

03 | 인생의 새로운 성취가 가능해진다

　스몰 토크는 혼자 하는 것이 아니랍니다. 상대가 반드시 존재한답니다. 그러므로 상대방의 공감을 이끌어낼 주제 선택에서 승패가 결정된답니다. 사람들은 만나서 어울립니다. 하지만 헤어지고 집에 오면 상처를 받는 경우가 많답니다. 만나서 상처를 주는 말을 하는 것이 그 원인이 된답니다. 이런 상처를 주는 사람은 깊이 반성을 해야 합니다. 그렇지만 상처를 받는 사람도 생각할 점이 있습니다. 스몰 토크 현장에서 적절히 방어를 하라는 것입니다. 적기에 방어를 잘하는 스몰 토크를 하라는 것입니다.
　세상의 사람들은 멀리 있을 때는 사이가 더 나을 수가 있답니다. 하지만 가까이서 만나면서 마음의 상처를 입게 된답니다. 그것은 상대에 대한 배려심이 부족한 언행에 기인하는 것입니다. 그렇지만 스몰 토크를 잘하면 인생에서 새로운 성취가 가능해진답니다.
　상대를 잘 배려할 스몰 토크 습관은 인생의 새로운 성취를 가능하게 할 것입니다.

- 새로운 감각으로 스몰 토크를 구성하면 사랑받는 스몰 토크가 될 것이다.
- 세상의 감각을 파악하라. 첨단의 감각으로 스몰 토크를 구성하라.
- 스몰 토크의 줄거리를 미세한 정보와 감각으로 채우라. 그러면 보다 섬세한 내용으로 스몰 토크를 채워 갈 수 있다.

04 | 자기 학습 능력을 향상시켜 준다

슈리는 한나와 러시아의 모스크바 거리를 거니는 중입니다. 바람이 불어온답니다. 거리는 낙엽으로 가득하기 시작한답니다. 슈리는 내일 프레젠테이션할 것을 생각한답니다. 생각을 모읍니다. 자동차 광고에 대한 프레젠테이션에 대한 생각을 모읍니다. 그리고 한나와 이야기를 나눕니다.

"자동차를 생물화해서 이야기하는 방법이 좋을 것 같아."
"그럴까? 자동차를 인간의 친구로 개념 지어 본다는 것, 그것 흥미로운 일인데……."

이런저런 생각을 스몰 토크로 주고받습니다. 그러는 과정에서 서로의 브레인스토밍이 진행된답니다. 슈리는 내일 발표할 자동차 광고 제작에 필요한 여러 가지 생각을 모으는데 성공합니다. 서로가 길거리를 걸으면서 주고받은 스몰 토크 덕분입니다. 거리는 낙엽으로 더욱 가득해 집니다. 밤의 네온사인은 하나 둘 켜지고 모스크바 거리는 저녁을 향하여 달려가는 중이랍니다.

생각 모음이 스몰 토크에는 내재한답니다. 그래서 자기 학습이 자연스럽게 되는 것입니다.

상대방의 두뇌를 파고드는 것이 스몰 토크입니다. 스몰 토크는 인간의 두뇌에서 작용하는 멘트를 하는 과정을 거친답니다.

이를 테면 변호사에 대한 이야기를 할 기회를 2005년 한국에서 여러분이 만났다고 합시다. 그러면 A는 이렇게 스몰 토크를 시작할 수 있을 것입니다.

"먼저 '막변' 이라는 말을 보기로 합시다. 막 사법연수원을 졸업한 경험이 없는 변호사를 '막변' 이라고 한답니다. 이들의 보수는 변호사 중에서 가장 낮답니다. '경변' 이란 경험이 많은 변호사를 말한답니다. 경변들은 연봉이 높답니다. 연봉이 높지만 경험 분야에 따라서 보수는 천차만별이랍니다.

근래 우리나라에서 기업들이 변호사를 막변 중에서 채용을 하려고 했더니 118대 1에서, 작게는 6대 1까지 경쟁률이 다양하게 나타났다고 합니다. 변호사들의 채용 시장이 이제 달라지는 상황이랍니다. 몇 년 전만 해도 변호사들이 그렇게 많지는 않았습니다. 그리고 그렇게 경쟁이 치열한 입사 경쟁률을 보이지도 않았답니다. 그런데 이제는

100대 1이 넘은 것입니다."

"세상이 변하긴 변한 모양이랍니다."

스몰 토크에 참여한 K의 이야기를 R이 이렇게 진행할 수 있을 것입니다.

"다수의 변호사를 배출할 로스쿨 제도가 한국에 도입되어 이제는 달라질 것이지만, 30년 전 마을에서 사법시험 합격자가 등장하면 수개월간은 마을이 잔치 분위기를 냈습니다. 그도 그럴 것이 그 당시에는 수십 명의 사법시험 합격자만 일년에 배출되는 그런 상황이었습니다. 그러던 것이 몇 년 전부터는 일년에 일천 명의 합격자들이 등장하게 되고, 이제 사법시험 합격자가 마을에서 등장하였다고 해도 그렇게 잔치 분위기를 오랫동안 유지하기는 힘듭니다. 막변들이 이제는 힘든 경쟁을 거쳐서 일을 찾아야 한다는 것을 세상이 알게 된 때문이기도 합니다. 인구와 수임건수는 줄고 변호사 숫자는 늘어나니 착수금이 적어질 것입니다. 착수금 덤핑이 나타날 것이랍니다. 변호사들이 이제는 오피스 유지가 힘들다고 호소하는 일이 생겨나고 있답니다. 이전에 보기 힘든 직업 환경의 변화입니다. 변호사의 경쟁률이 이렇게 높아지기 시작하면 변호사 자격을 갖고도 일을 갖기가 어려운 상황이 더 깊어질 개연성이 높습니다. 변호사도 이제는 그 양성 시스템을 다르게 해가게 될 것이랍니다. 어학에 능력이 있는 변호사들에게 집중적으로 어학을 배우게 하여, 그들이 국제 법률 시장에 뛰어들게 하는 그런 변호사의 국제화 전략을 노동 정책으로서 시행할 가치가 있습니다. 로스쿨 제도의 도입이 준비되고는 있지만 그것이 시행되는 시기는 2009년 3월이랍니다. 그 동안에 일천 명 이상씩 증가하는 변호사들의 일자리 정책을 무대책으로 둘 것인가! 이들에게 영어 등 외국어에 능통하게 한 후 화이트 엔 케이스, 베이커 엔 맥킨지 등의 글로벌한 로펌에 진출할 역량을 갖추게 해줄 정책 대안은 없는가를 진지하게 재검토해야 할 것입니다. 변호 경험이 없는 변호사들의 진로를 넓혀 가야 경력 변호사들의 양성에 성공하는 나라가 될 수 있다는 것을 보여줘야 할 것입니다."

이런 스몰 토크는 서로의 학습에 도움이 될 것입니다.

- 브레인스토밍을 하면 할수록 스몰 토크는 풍부해 진다.
- 아이디어를 저축해서 스몰 토크를 하면 자기 학습 능력이 좋아진다.
- 조용히 생각을 가다듬고, 생각이 모이면 스몰 토크를 하라.

05 | 새로운 영감을 얻을 수 있다

　서로 스몰 토크를 잘하면 새로운 영감을 얻게 된답니다. 스몰 토크를 잘하면 영감이 생기는 것입니다.

　아르헨티나에서의 일입니다. 사람들은 월드컵을 시청하는 중입니다. 마라도나의 축구 경기를 보는 중이랍니다. 마라도나는 넘어질 듯 넘어질 듯하면서 공을 드리블하는 중입니다. 월드컵에서 아르헨티나는 결승전에 오릅니다. 영국과 같이 결승전에 올랐다고 합시다. 가상 상황이지만 그는 아르헨티나 청년들의 마음을 설레게 하는 중입니다. 그는 골키퍼와 맞섭니다. 그리고 결승골을 넣습니다. 결승전에서 아르헨티나는 이 골로 우승을 한답니다. 마라도나는 골을 넣은 후 인터뷰에 말합니다.

　"그것은 노력의 열매다. 노력 없이는 그런 열매를 수확하기 힘들다. 축구선수 5명을 제치고 골을 넣은 것은 조국 축구 팬들을 위한 의지로 뭉쳐진 나의 마음을 강고히 한 덕분이다. 이런 골을 넣을 수 있게 해준 축구 팬들에게 감사합니다. 조국이여 영원하라!"

   이 한마디의 스몰 토크가 국민을 감동의 도가니로 진입하게 한답니다. 마라도나의 이 한마디 멘트로 열광한답니다. 한마디의 말은 그가 의도하지 않더라도 대단한 감동을 일으키게 됩니다. 이 한마디의 스몰 토크가 우리의 심금을 울리는 것입니다.
   스몰 토크 속에는 어휘의 변천이 포착된답니다. 작은 대화 속에는 새로운 어휘가 나타나는 기회이기도 하답니다.
   상대방이 잘 알아들을 수 있는 이야기를 하는 스몰 토크를 지향하기 바랍니다. 그렇게 하려면 쉬운 단어를 선택하는 기술을 지니고 있어야 한답니다. 그 예를 한 가지 들어 봅시다.
   월드컵이 열리는 시간이 오면 사람들은 축구에 대한 이야기를 많이 한답니다. 축구에 대한 이야기를 하면서 시간을 보낸답니다. 이런 상황에서 당신은 무슨 내용으로 축구에 대한 스몰 토크를 할 것인가를 생각해 보기 바랍니다. 축구는 흥미 있는 경기입니다. 하지만 축구는 하나의 산업이라는 측면도 존재한답니다. 이런 측면에서 축구는 그것이 지닌 가치가 크다고 할 수 있습니다. 여러분이 이런 축구에 관련된 스몰 토크에 참여하게 되었다고 합시다. 그렇다면 무슨 내용으로 대화에 참여할 것인가를 생각하는 것이 좋습니다. 스몰 토크는 미리 준비된 사람에게는 유리하답니다.

"유럽 스포츠 구단은 주식을 발행한답니다. 이런 현상은 아시아에서는 보기 어렵지만 유럽에서 볼 수 있는 풍경이랍니다. 유럽은 스포츠 구단을 상업적인 이익을 많이 남기는 기업으로 보는 것입니다. 스포츠 구단주, 이들 기업가들은 자기 구단의 홍보를 위해서 일하는 홍보이사, 기술이사, 코치, 감독, 스포츠 스타 영입 에이전트 등 유능한 인재를 앉히려고 노심초사한답니다. 스포츠 구단이 주는 이미지가 중요하답니다. 스타급 선수들을 영입한답니다. 키워서 스포츠 노동 시장에서 판답니다. 선수를 파는 데는 스포츠 에이전트들이 한몫을 한답니다. 이 경우 그 선수가 속한 나라의 그 종목 스포츠 역량을 같이 평가한답니다. 바로 웨인 루니 같은 선수는 몸값이 이미 500억 원을 넘는답니다. 이런 것은 축구 시장에서 흥미롭게 봐야 할 현상이 아닐 수 없답니다."

이런 이야기를 대화 참여자 A는 시작한답니다. 대화 참여자 B는 이렇게 이 말을 받습니다.

"브라질을 보시기 바랍니다. 브라질의 펠레가 17세의 나이에 월드컵 우승을 브라질에 안긴 후 브라질은 세 차례 더 펠레에 의해서 월드컵 우승국이 됩니다. 펠레라는 걸출한 선수 하나 잘 키워서 나라 홍보를 톡톡히 하는 셈이 된 것입니다. 나라 홍보는 외교관이 주로 하는 일이지만, 이미 민간 차원의 홍보는 여러 직업인들이 하는 것이 현대 국가의 모습이기도 하답니다. 브라질은 펠레 이후로 축구에 대한 열정이 강한 나라, 좋은 축구선수를 배출할 토양을 지닌 나라로 각인된답니다. 펠레의 효과에 힘입어서 브라질에서는 이후 호나우두 같은 걸출한 스타들이 유럽 등지로 수출된답니다. 그들은 거액의 몸값을 지닌 그런 선수로 진출하는데 성공한답니다. 이제 브라질 청년들은 축구선수가 되어 높은 연봉을 받으면서 일하는 것을 많이 원한답니다. 스포츠 스타의 영입에서 몇백억 원의 몸값을 파는 구단에 제공하고 스포츠 스타를 산답니다. 다시 몇 년을 키워서 더 많은 몸값을 붙여서 다른 구단에 파는 일을 한답니다. 그래서 스포츠 스타들은 몸값을 유지하기 위해서 더 좋은 경기를 보여주려고 노력한답니다. 그런 속에서 부상을 피하려고 성의 없는 매너를 보이는 선수도 이따금씩 보이기도 한답니다. 여러 장르의 스포츠 종목의 스타들이 보이는 경기에서의 성과는 국가 홍보에 지대한 영향을 준답니다."

이어서 스몰 토크 참여자인 C는 이렇게 대화를 이어갈 수 있답니다.

"탁구선수를 볼까 합니다. 한국의 유승민이 탁구에서 중국의 기라성 같은 선수들을 올림픽에서 이기고 금메달을 획득하던 시간에 14억 중국인들은 한국의 이미지를 머리속에 인상 깊게 각인하였다고 한답니다. 경기력과 상업적인 가치는 비례하기도 한답니다. 물론 다 그런 것은 아니랍니다. 축구 명문 국가인 브라질 출신들은 은근히 자국의 국가 이미지 덕을 톡톡히 본답니다. 그래서 한국 내에서 활동하는 선수들 중에서 브라질 선수들의 몸값이 센 편이랍니다.

'노력은 재능을 만든다.' 라는 직업의식으로 성실한 축구를 하는 박지성 선수이기에, 유럽 명문 축구 구단이라는 노동 시장에서 그의 경기를 지켜보는 국내 팬들은 더욱 궁금해진답니다. 그가 한국의 월드컵 16강을 확정 지은 2002년 월드컵 포르투갈 전에서 루이스 피구 등의 몸값 높은 선수들과의 경기에서 승리의 골을 넣은 것처럼 유럽에서 축구선수로서 직업적으로 더 성공하기를 기대해 본답니다.

이런 모습 속에서 한국의 청소년들이 브라질에서처럼 몸값 높은 축구선수라는 직업적 비전을 자기 꿈으로 간직하고 노력하는 흐름이 더 강하게 나타나기를 기대해 본답니다. 유럽 축구 무대에서 더욱더 한국의 젊은이들이 태극기를 흔드는 모습을 보고 싶은지도 모른답니다. 차범근이라는 선수가 유럽 진출을 위해서 혈혈단신 건너가던 시절의 인프라에서 더 발전한 것은 맞지만 저력 있는 국내 선수들이 국제적인 진출을 할 시스템이 아직은 부족하다고 생각한답니다. 선수 에이전트 회사의 활성화, 스포츠 스타의 마케팅 전문가의 육성을 향한 정책적인 노력들이 아쉽다고 봅니다."

- 감동이 없는 스몰 토크는 가치가 낮다.
- 스몰 토크에 감동스런 스토리를 담으면 당신의 영감은 늘고, 당신은 경쟁력이 큰 인생을 만들어 갈 수 있다.
- 이유 있는 자신감을 위하여 당신의 스몰 토크에 영감을 담으라.

06 | 미래를 전망하는 시야가 확장된다

　미래를 보는 시야는 스몰 토크를 하면서 여러 사람이 같이 존재할 때 넓어진답니다.
　스몰 토크는 바로 세련미를 담을 수 있는 기회랍니다.

　여기는 스위스 제네바입니다. 이곳에서 한 신사가 숙녀와 같이 거리를 걷는 중입니다. 그들은 30년 전 초등학교 동창이랍니다. 숙녀가 묻습니다.
　"이런 날씨에는 개인적으로 무엇을 느끼는 가요?"
　한참 생각을 하던 신사가 이야기합니다.
　"날씨가 사람의 마음을 설레게 하는군요. 오후의 낭만이 여러분의 마음에 녹아내리는 날씨군요. 저는 이런 날이면 마음에 온유함을 갖게 된답니다. 날씨가 인간에게 주는 감흥은 각각 다른 것 같습니다. 저는 지금 이 가을의 거리를 거닐면서 과일 나무에 열린 열매들을 보는 중입니다. 열매를 위해서 인고의 세월을 인내하면서 영양분을 섭취하고 기다려온 나무의 성실함을 알게 된답니다."

　신사의 이야기에는 세련된 품격이 묻어나는 기분이었답니다. 스몰 토크는 인격을 드러낼 절호의 찬스 같은 것이라고 할 수 있답니다. 물론 그것이 전부는 아니랍니다. 스몰 토크에 참여하는 기회가 증가할수록 스몰 토크를 통한 세상에 대한 지식이 늘고 시야가 엄청나게 증가할 수 있답니다.
　세련된 스몰 토크는 시야를 넓히고, 인간의 자신감을 높여 준답니다. 스몰 토크는 작은 대화이긴 하지만, 사람들은 이런 스몰 토크를 하면서 영감을 얻고 힘을 획득할 수 있기에 그렇답니다. 스몰 토크는 아이디어를 얻게 하는 대화의 방향성을 유지할수록 좋다고 봅니다. 스몰 토크가 비생산적인 남의 허물을 이야기하는 그런 시간이 되지 않게 유의할 가치가 있답니다.
　여러분이 만약 직업 정신을 이야기할 시간을 가진다고 합시다. 그렇다면 무슨 내용의 주제로 대화를 시작하는 것이 좋을까를 생각하기 바랍니다. 이 경우 상대를 생각하기 바랍니다. 상대가 만화 영화에 흥미가 많은 것을 알았다면 이런 주제를 선택하여 보시기 바랍니다. 월트 디즈니에 대한 이야기 말입니다.

　"레오나르도 다빈치 이후 누가 가장 존경받는 그래픽디자인 분야의 예술인인가요? 답변을 하자면 저는 '월트 디즈니'라고 생각합니다.

그는 참으로 여러 가지로 불리한 여건에서 자라났답니다. 그가 맨 처음 한 일은 농장의 머슴이었답니다."

이런 화두로 시작하여 보시기 바랍니다.

"월트 디즈니, 그는 엄격한 아버지의 슬하에서 성장한답니다. 아버지의 엄격함을 견디지 못하고 일찍이 가출을 한 형들을 그리워한 것은 당연한 일이었답니다. 그는 외로웠답니다. 붓과 종이가 그에게는 친구가 되지 않을 수 없었답니다. 그는 마침내 만화를 그리기 시작한답니다. 그 만화 속의 대상은 자연 속의 생물이었답니다. 그는 자연 속에서 유난히 많은 동물들을 만난답니다. 아마도 이런 그의 어린 시절이 '미키마우스'라는 캐릭터를 만들었는지도 모른답니다. 하지만 그에게서 발견한 성공의 핵심 인자는 다른 데 존재한답니다. 그는 자기 직업 브랜드 방향을 정하고 그것을 위해서 매진한답니다. 그가 정한 브랜드는 '애니메이션 영화감독'이 된답니다."

이런 이야기를 할 수 있을 것입니다.
스몰 토크에서는 항상 자기의 의중을 관철시킬 필요는 없답니다. 남의 의중도 그것이 공익을 위해서 옳다면 관철하게 하는 것이 좋습니다. 자기 의중만을 관철하려는 사람은 스몰 토크에서 부자연스러운 광경을 연출하기 쉽습니다. 거칠게 자기주장만을 관철하려고 하면 스몰 토크에 참여한 사람들이 스트레스를 받기도 한답니다. 그렇다고 해서 남의 주장만 관철되고 자기의 정당한 주장이 무시되는 상황을 마냥 방치하는 것은 좋은 태도에 속하기는 어려울 것입니다. 이런 점을 생각해서 항상 스몰 토크에서 의견을 표현하는 것을 즐기시기 바랍니다.

스몰 토크에서는 자기가 지닌 정보의 가장 알찬 정보를 제공하는 것이 좋습니다. 가장 좋은 것을 세상에 던지면 가장 좋은 것으로 보답하는 것이 세상이므로 그렇습니다. 대화 중에서 가장 좋은 내용을 먼저 청중들에게 보내보세요. 가장 좋은 것들이 당신에게 되돌아올 것입니다. 그래서 말은 수준 높게 하는 것이 유익하답니다.

월트 디즈니의 이야기를 더 계속하여 봅시다. 이런 과정을 통해서 당신은 대화를 즐기는 그런 존재가 될 수 있을 것입니다.

"청소년기의 월트 디즈니는 할리우드에서 영화감독이 되려고 이력서를 이곳저곳에 낸답니다. 경력이 없는 그를 영화감독으로 받아주는 곳은 없었답니다. 하지만 그는 포기를 하지 않습니다. 자기 직업 브랜드를 만들려는 그의 의지는 형과 더불어 브러더즈 스튜디오를 만들게 한답니다. 애니메이션 영화를 직업적으로 만든답니다. 휘파람을 부는 쥐를 등장시킨답니다. 귀여운 미키 마우스는 이렇게 해서 세상에서 빛을 본답니다. 그는 바로 자기 직업 브랜드를 만든답니다."

스몰 토크는 겸손하게 진행하는 것이 좋습니다. 너무 강하게 진행하지 않기를 바랍니다. 말 그대로 스몰 토크를 통해서 개인은 힘을 얻는 것이 좋습니다. 힘을 빼앗기지 않기를 기대합니다. 스몰 토크를 하면서 힘을 소진하는 것은 어리석은 일입니다.

- 스몰 토크에 자주 참여하면 세상을 보는 당신의 시야는 물론 세상 속에서의 당신의 관점 수준은 매시간 향상된다.
- 어휘 선택에서 신중하라. 그러면 당신은 품격을 갖춘 스몰 토크가 가능하다.
- 스몰 토크는 세련된 품격을 유지하면서 하라.

III 공식화되지 않은 값진 정보를 얻게 된다

01 불필요한 긴장을 풀어준다

스몰 토크를 하면 불필요한 긴장을 하지 않아도 된답니다. 스몰 토크에 참여하면서 긴장이 풀어지기에 그렇답니다.
개발만능주의에 대한 의견을 말해 봅시다. 다음과 같은 스몰 토크 형식으로 말입니다.

"지구촌은 이제 개발 만능주의에만 치중해서 지구 환경을 소홀히 해서는 안 된다고 저는 생각합니다. 이미 지구촌은 오존층 파괴, 물 부족, 가뭄과 홍수의 반복, 이런 것들로 엄청난 고통을 당하는 중입니다. 이것은 기상 이변에 기인한 것이라고 합니다. 과학적으로 근거가 내재된 주장이라고 봅니다. 이제 지구촌 환경은 너나없이 각자가 환경 파수꾼이 되어서 치유해 가야 합니다. 특히 환경오염의 예방이 긴요하답니다. 환경오염 예방을 위해서 환경 훼손 행위를 조금이라도 한 조직이나 개인에게는 환경 회복세를 부담하게 하는 것도 좋답니다."

이런 대화를 동료에게 하면 그 동료는 "당신의 이미지가 이런 스몰 토크에서 저에게 좋게 각인되는군요. 참 좋은 이미지로 다가온답니다. 지구촌의 환경 문제를 저렇게 열정을 갖고 지대한 관심을 보여주신 것이 좋다고 봅니다."

그는 이런 발언으로 좋은 이미지를 주변 분들에게 전이합니다. 그의 이런 투명하고 정당한 것은 당당히 주장할 줄 아는 태도가 오늘의 성공을 만들어 냈다고 할 수 있답니다. 이것은 스몰 토크를 성공리에 함으로써 불필요한 긴장을 이겨낸 덕분이기도 하답니다.

좋은 이미지의 자아를 만들기 위해 노력하기 바랍니다

어느 모임에서 연봉제 이야기가 등장한 경우 당신은 어떻게 대화를 이끌어 갈 것인가를 생각하기 바랍니다.

먼저 역사적인 접근이 좋습니다. 그 화두에 대한 역사적인 언급이 그것이 될 것입니다.

이렇게 대화를 이끌어 보기 바랍니다. 스몰 토크를 통해서 좋은 자아를 만들어 가려는 노력을 의도적으로 만들어 가기 바랍니다. 그렇게 하면 스몰 토크가 즐거워진답니다.

다음은 '임금 변화'에 대한 스몰 토크입니다.

"이제 직장 환경이 바뀌는 중이랍니다. 한국의 노동 시장에서 1997년 11월 외환 위기인 IMF가 오던 시절에 성과 위주의 스톡옵션 제공을 특징으로 한 제1차 임금 혁명이 불어 온 이래 2005년 다시 새바람이 부는 중이랍니다. 그것은 제2차 임금 혁명이랍니다. 이 혁명은 직무급이라는 형태로 등장하는 바람이 일고 있답니다. 과장이 부장보다 직무의 성격에 따라 더 높은 연봉을 받을 수도 있답니다."

이렇게 말을 할 수 있을 것입니다.

스몰 토크는 말싸움하는 그런 태도보다는 말을 하면서 대화 자체를 즐기는 기분으로 하기 바랍니다.

인생에서 스몰 토크는 즐겁게 해야 할 것입니다. 대화 중에 승부 근성이 가득한 어투로 발언하는 분들이 의외로 많답니다. 이런 어투는 상대방에게 스트레스를 야기하기 쉽습니다. 이런 어투를 항상 조심하면서 말해야 할 것입니다. 투쟁하듯이 하는 어투는 별로입니다. 이런 어투를 활용하면 모임에서 손가락질을 받을 개연성이 높다는 점을 인식하는 것이 좋습니다.

"하위 직급의 직원이 상위 직급의 직원보다 더 높은 연봉을 받게 되는 이런 흐름은 더 많은 회사에 확산될 것입니다. 대표이사 외에는 중간 호칭들을 안 부르는 회사들도 나타나는 중이랍니다. 직무급은 직무의 회사 기여도, 난이도에 의해서 연봉이 정해진답니다. 후에 그 직장에 들어온 후배들도 선배보다 더 많은 연봉을 받을 수 있답니다. 직무급이라는 제2차 임금 혁명은 직장의 내부를 송두리째 바꾸는 중이랍니다. 이런 추세 속에서 당신은 어디로 가는 방향을 정하는 것이 좋은 것인가를 생각해야 할 것입니다."

　스몰 토크에서는 항상 이점을 생각하고 하기 바랍니다. 그것의 하나는 노트를 준비한다는 것입니다. 물론 노트를 준비할 필요가 없는 그런 스몰 토크의 자리가 더 많답니다. 하지만 단둘이 만나서 스몰 토크를 한다면 수첩 같은 노트를 준비하면 좋답니다. 그런 준비를 하면 상대방에게 준비된 그런 존재라는 인식을 미리 주게 됨으로써 보다 진지하게 스몰 토크를 이끌어갈 수 있는 것입니다.
　좋은 스몰 토커(Good Small Talker)는 수첩 같은 것을 준비하는 사람일 수도 있답니다. 항상 무엇인가를 메모하면서 말하는 것은 좋은 습관이 아닐 수 없답니다. 수첩을 준비해서 그것을 보면서 말하는 것은 좋은 스몰 토커로서 평가를 받을 만할 것입니다. 수첩을 항상 준비하기 바랍니다. '스위트 박스'라는 유럽의 팝 듀오의 노래를 들었다고 합시다. 이들이 부른 〈Addicted〉란 노래를 들었다고 합시다. 그러면 여러분은 기분을 좋게 하는 이 노래를 들은 후 얻게 되는 감흥을 기록할 수 있을 것입니다. 그리고 기록한 그 곡의 감흥을 사람을 만나면서 대화의 소재로 삼아 보기 바랍니다. 그리고 상대의 그 곡에 대한 의견도 기록하기 바랍니다. 이런 유의 스몰 토크는 음악에 대한 당신의 상식을 폭넓게 만들어 줄 것입니다.

스몰 토크에서 당신은 여러 가지를 준비하기 바랍니다. 그중의 한 가지는 바로 수첩이랍니다. 작은 수첩을 주머니에 소지하고 다니면서 대화를 하기 바랍니다. 그런 과정을 거쳐서 당신은 보다 상식이 많은 그런 인물로 성장할 수 있을 것입니다.

- 스몰 토크의 완성도가 높아지면 불필요한 긴장은 안 할 수 있다.
- 말을 하면서 단어 선택을 잘하면 즐거워진다.
- 스몰 토크에서 말한 긍정적 스토리는 행복한 인생을 만든다.

02 | 인간적인 유대감을 강화해 인맥을 만들어 준다

스몰 토커는 말하는 사람을 지칭하는 것입니다. 스몰 토커는 무엇으로 승부할까요? 그것은 여러 가지가 있답니다. 내용으로 승부한다고 보면 된답니다. 좋은 스몰 토커는 말하는 내용부터 다르답니다.

스몰 토크에 성공하면 인맥이 생깁니다. 자기 말을 듣고 싶어하는 사람들이 증가하는 것입니다. 그것은 자기 인맥이 된답니다.

선박 제조회사의 최고 경영자실에서의 대화에서 CEO는 수출 부장에게 이런 말을 합니다.

"저는 당신이 지닌 감수성이 상대방의 마음을 움직이는 힘으로 작용해서 이번 협상에서 계약을 이뤄낼 것으로 확신합니다. 인간을 진지하고 낭만적으로 대하는 당신의 태도가 이번 협상에서 힘을 발휘할 것으로 믿는 것입니다."

 이런 스몰 토크를 자기 회사 CEO로부터 들은 수출부장은 그 협상에서 어려운 선박 수주 계약을 해냅니다. 감성을 담는 것은 스몰 토커에게 유리하답니다. 듣는 사람에게 그만큼 호소력으로 다가올 수 있기에 그렇답니다. 감성을 담아서 스몰 토크를 하는 것은 그것이 지닌 힘을 극대화한답니다. 감성은 인간의 마음을 자극한답니다. 인간의 감성에 호소하기에 그렇답니다. 인간은 감성에 호소하는 가운데 설득되는 비중이 높은 존재이기에 그렇답니다.
 다음은 감성을 담아서 이야기한 스코틀랜드의 한 교사 이야기랍니다.

 그날은 코스모스가 한들한들 날리던 날이었답니다. 가을이 깊어 가던 그 어느 날 '허브라'는 교실에 들어선답니다. 스코틀랜드 한 시골 중학교의 정경은 그야말로 찬란 그 자체였답니다. 그녀는 말한답니다.
 "여러분이 열정을 갖는 만큼 여러분은 여러분이 하는 일에서 성취를 거둘 수 있습니다. 여러분의 잠재력은 무궁무진하답니다. 인류의 역사를 바꿔 가는 힘은 여러분의 내적 파워에 달린 일이랍니다. 이제 여러분은 열정 주머니를 채우기 바랍니다. 그것은 활용할수록 좋답니다. 열정을 발휘하는 힘은 여러분이 마음먹기에 의해서 크기가 결정될 수 있답니다. 여러분은 가능성의 덩어리랍니다."

이런 멘트를 날린답니다. 교실은 감성적인 허브라 선생님의 말에 학생들은 다소곳한 표정을 짓는답니다. 3분 멘트가 이들의 가슴에 새로운 싹을 심는 중이랍니다.

말하는 내용에 이처럼 감성을 담는 것이 좋습니다. 감성을 담아야 상대방에게 더 호소력을 발휘할 수 있답니다. 스몰 토크는 말하는 내용으로 승부하지만 감성을 싣는 것이 더욱 좋답니다.

우연한 기회에 직업 브랜드 만들기에 대한 이야기가 시작되었다고 합시다. 그러면 당신은 무슨 말을 할 것인가, 벙어리처럼 대화에 참여하지 않을 것인가! 아니랍니다. 대화에 가급적 적극적으로 참여하기 바랍니다. 스몰 토크에 참여하면 당신은 세상을 보는 스펙터클이 늘어난답니다.

이 경우 이런 대화는 어떨까 합니다.

"어떤 자기 직업 브랜드를 준비하는 중인지를 생각하기 바랍니다. 현대의 직장에서 성취를 이뤄가려면 제대로 자기 직업 능력 브랜드를 만들어야 한답니다. 1980년대에 음악 분야에서 록, 팝, 펑크, 일렉트로를 믹싱한 특이한 사운드를 만들어 자기 색채를 분명히 한 뉴 오더(New order)처럼 자기의 분명한 직업 브랜드를 정하고 그것을 만들기 위한 입체적인 노력을 경주해 가야 한답니다. 그렇지 못하면 자기 직업 분야에서 전문가의 경지에 이르기 어렵답니다. 승진에 많은 힘을 기울이던 시대에서 이제는 자기의 특색을 극대화한 자기 전문 직업 브랜드를 만드는가, 못 만드는가가 직업적인 성공 여부를 결정하는 시대로 진입하는 중이랍니다."

이런 식의 대화는 원론적인 접근입니다. 하지만 스몰 토크에서 이런 원론적인 접근은 대화 참여자들을 폭넓게 유인하는 그런 효과를 거둘 수 있게 할 것입니다.

- 직장에서 감성을 담아서 스피치 하라. 그러면 상대에게 더욱 큰 영향력을 발휘할 수 있다.
- 감성을 담아서 스피치를 하면 전달력이 커진다.
- 좋은 스몰 토커는 필요한 정보와 더불어 적당히 감성을 자극하는 말을 할 줄 안다.

03 | 숨겨진 의도와 정보를 읽을 수 있다

스몰 토크의 가치 중에는 상대방의 숨겨진 의도를 간파하게 한다는 것입니다. 그래서 직장인 중에서 성공하고 싶다면 숨겨진 의도를 간파하게 하는 스몰 토크 테크닉을 익히는 것이 좋습니다.

상대를 말로 돕는 것은 스몰 토커가 할 미덕입니다. 팀장인 시미즈는 말합니다.

"그래 R, 그 일을 그는 잘할 거야." 라는 말을 합니다. R은 그 말을 듣습니다. 그리고 그 일을 성공적으로 잘 해냅니다. 말에 도움을 담은 것이 그에게 긍정적으로 작용합니다. 스몰 토커는 부하 직원, 상대방, 상사에게 도움을 담는 말을 할수록 좋습니다. 그러면 상사도 숨겨진 의도를 말할 것입니다.

"당신의 고통을 압니다. 하지만 그 고통은 인내하면 극복된답니다."

반드시 좋은 결과를 가져올 것입니다. 인터뷰 후에 오래 시간을 끄는 회사도 존재한답니다. 기다리면서 내적 능력을 축적하기를 게을리하지 않기를 바란답니다. 당신에게 반드시 지금의 초조해 하는 과정이 지나면 밝은 빛이 내리 비칠 것입니다."

이런 멘트 후에 고통을 경험한 B는 평정심을 갖고 기다린답니다. 그는 다국적 회사에 입사가 확정된 것을 알게 된답니다. 오랜 기다림 후랍니다. 한마디의 말이 그에게 도움이 된 것이랍니다. 남의 고통스런 여러 상황을 이해하는 멘트는 좋은 스몰 토커로서 적합하답니다. 인생길에는 고비고비가 존재한답니다. 이런 고비에 서로 도움을 주는 멘트를 주고받는 것은 좋은 스몰 토커가 되는 바다로 당신을 인도할 수 있을 것입니다.

스몰 토크를 통해서 피로를 푸는 시간이 확보되어야 한답니다. 이런 과정을 통해 스몰 토크는 인생을 풍요롭게 만들어 내야 한답니다. 항상 마음을 비우고 스몰 토크를 하는 것이 좋습니다. 그래야 스몰 토크 자체가 즐거움이 된답니다. 이 점을 깊이 생각해서 스몰 토크를 하는 것이 좋습니다. 채근담에 이르기를 "마음속에 욕심이 가득 차 있으면 차가운 연못에서도 물결이 끓어오르니 산속에서도 고요를 찾아볼 수 없다. 마음이 텅 비어 있으면 무더위 속에서도 서늘하여 시장 바닥에서도 시끄러운 줄 모른다."라고 하였습니다. 그렇습니다. 마음이 비어 있는 상태를 유지해야 더 고요한 맛을 체험하면서 스몰 토크에 참여할 수 있답니다.

"일전에〈연애의 목적〉이란 영화가 많은 사람들에게 회자된 바 있습니다. 채용 시장에서는 걱정과 스트레스로, 긴장으로 손발이 떨리거나 해서 면접 성형을 하는 경우가 많이 파생하고 있다고 합니다. 이는 면접의 목적을 정확하게 파악하지 못한 데서 더 가중되는 현상이 아닌가 합니다. 물론 최근의 입사 경쟁률이 올라가면서 가중되는 현상이기도 하답니다."

친구 사이에 면접을 앞에 두고 이런 스몰 토크를 할 수 있답니다.

"현재 채용 직종에 필요한 지식과 경험을 가진 최적의 존재인가? 의식의 굴절 현상을 지닌 인재인가를 평가하려는 것이 면접의 목표라고 할 수 있습니다. 최근 기업들은 비즈니스에서 치열한 경쟁에서 승리하기 위해서 의식의 굴절 현상을 지닌 인재들은 채용 대상에서 제외하는 경향이 강하답니다. 물론 여러 가지를 본답니다. 평가의 기준도 다양하답니다. 면접에 임하는 응시생들은 면접에서 받는 스트레스가 이만저만이 아니라고 말하기도 한답니다. 한마디 시키고서 면접에서 불합격당하는 심정, 이런 경우에서 오는 스트레스는 이만저만이 아니라고 할 수 있답니다. 어떻게 면접을 돌파할까요. 두 가지를 말할 수 있답니다. 채용 직종에 가장 최적으로 능력을 함유한 인적 자원이고, 그 일을 하는데 적절한 직업의식을 지닌 존재라는 것을 보여주는 것이 필요하답니다. 성공한 직업인인 범세규라는 중국 명나라 시절의 소금장수처럼 세 가지만 보여도 된답니다. 비즈니스하면서 저품질의 제품은 시장에 출하하지 않는다는 것, 저울을 속여서 판매를 안 하겠다는 것, 가격이 폭등하는 기미가 있어도 일정 마진 이상의 이익을 남기는 비즈니스 매너는 갖지 않겠다는 것을 보이는 것이랍니다."

04 | 공식화되지 않은 값진 정보가 들어 있다

　스몰 토크 중에는 공식화하기 전의 주옥같은 인생 정보가 들어 있답니다. 이런 정보를 노다지 캐듯 캘 수 있어야 합니다.
　좋은 직업의식을 지닌 인재를 경영자들은 능력의 적합(適合)성 못지않게 평가해서 채용하려는 트랜드가 최근 기업 경영자들 사이에서 많이 나타나고 있답니다. 의식이 굴절되지 않고 바른 의식을 가진 그런 사람, 학습하려는 태도로 일하려는 사람, 좋은 습관을 가진 사람들을 선호하는 경향성은 전문성을 평가하려는 경향성과 더불어서 면접의 주요 목적입니다. 있는 모습 그대로를 보이는 것이 최선의 방법이 아닐까요? 좋은 면접은 용기를 먹고 자라는 나무가 아닐까요? 적합성은 스몰 토크 역량 수준 등으로 평가받게 될지도 모릅니다.
　조별로 모여서 학습을 하는 시간입니다. 이 경우 여러분이 무엇인가 이야기를 하는 시간을 자주 갖게 될 것입니다. 무엇을 고려해서 스몰 토크를 해야 좋을까요?

첫째, 사람들은 말을 들을 때 시작과 끝을 잘 기억하는 습성을 갖고 있다고 합니다. 이런 점을 고려해야 합니다. 처음 시작하는 문장을 적절히 핵심적인 내용으로 채워서 이야기하기 바랍니다.

둘째, 분량을 조절하기 바랍니다. 들으면서 이해하기 편한 그런 분량으로 이야기하는 연습을 하기 바랍니다. 1분 30초 정도로 이야기하는 연습을 하기 바랍니다. 그리고 그것을 반복해서 이야기하는 연습을 하기 바랍니다.

셋째, 상대방으로 하여금 질문을 할 여유를 제공하기 바랍니다. 그래야 서로 스몰 토크를 통해서 소통을 해갈 수 있을 것입니다.

넷째, 주제에 대하여 개론을 준비하기 바랍니다. 한마디로 요약되는 개론을 이야기하기 바랍니다.

다섯째, 서론 본론 결론을 요약해서 상대방에서 주지시키는 훈련을 하기 바랍니다.

05 | 자기 긍정의 이미지 트레이닝을 할 수 있다

　자기 긍정의 이미지 트레이닝을 하려면 스몰 토크를 즐겨야 한답니다. 직장에서 작은 변화를 맞이하든 큰 변화를 맞이하든 두려워 마시기 바랍니다. 작은 변화도 가벼이 여기지 않기 바랍니다. 작은 변화가 가진 힘은 의외로 클 수 있답니다. 하지만 그것들을 여러분은 두려워하지 않기 바랍니다. 작은 변화는 그것이 지닌 의미가 대단할 수도 있답니다. 작은 변화를 중요시하는 사람 중에서 자기 인생의 행복을 잘 만들어 가는 사람들을 주위에서 많이 보게 됩니다. 이들은 작은 변화를 잘 감지합니다. 이런 습관은 가치가 큰 습관이라는 것을 인식하기 바랍니다.
　여러분이 이 점을 생각하기 바랍니다. 두려워 말고 스스로 맞서고, 기대지 말고 스스로 세상의 걱정들과 싸워 가자는 것입니다.
　작은 변화 중 필수적으로 기억해 두면 인생에서 크게 자기를 성장시키는데 도움이 된다는 것 말입니다. 작은 것이 문제가 아니라 그것이 지닌 의미, 자기의 인생에서 필요한 정보인가의 유무, 이런 것이 중요하답니다. 작은 변화도 잘 기억하는 습관을 갖기 바랍니다. 그렇게 하려면 섬세하게 세상을 바라봐야 한답니다. 한 가지 전문 잡지를 촘촘히 읽어 가기 바랍니다. 그것을 지속해 가면 작은 변화도 잘 기억하는 습관을 갖게 될 것입니다. 두려움을 극복하려면 세상을 철저히 공부해 가는 것입니다. 세상 속의 변화를 매일 읽어 가기 바랍니다. 그렇게 되면 여러분은 보다 경쟁력이 큰 그런 인재로 자아를 변화시켜 갈 수 있을 것입니다. 세상이 변하는 상황에서 유연성을 견지하는 그런 사람이 되기를 바랍니다. 유연하게 잘 적응하는 그런 존재가 더 성공하는 세상이 온답니다.

  변화에 적응하려면 자기 변혁이 매시간 이뤄져야 합니다. 자기의 역량을 새롭게 만들어 가는 것은 나이가 들어서도 가능한 한 지속되어야 할 습관입니다. 직업에서 성공하는 길은 자기의 변화 적응력을 키우는 일입니다. 직장인의 자기혁신은 그것을 통해서 자아를 더욱 성취의 기회로 항해하게 할 수 있는 파워로 작용할 것입니다.

- 남에게 도움이 되는 말을 하면서 자기 긍정의 이미지를 만들어라.
- 자기와 남에게 구체적인 도움을 주는 스몰 토크를 하라.
- 긍정적인 평가를 담은 스몰 토크를 하면 말하고 듣는 사람이 힘을 얻게 된다.

06 | 적극적으로 참여하면 문제들을 보는 안목이 생긴다

멕시코시티에서의 일입니다. 축구 시합을 합니다. 고교 결승전입니다. 2대 1로 지던 팀의 리차드 감독은 전반 후에 쉬는 시간에 선수를 불러 모읍니다.

"그래, 나는 너희들의 경기력을 믿는다. 너희들은 반드시 역전하고도 남을 거야."

그리고 미소를 보냅니다. 결국 리차드 감독의 긍정적인 분위기는 경기에 투영됩니다. 그 고교 팀은 3대 2로 역전에 성공하여 우승 트로피를 가져갑니다.

스몰 토크는 이런 것입니다. 긍정적인 분위기를 보내면 그렇게 된답니다. 적극적으로 스몰 토크를 하면 세상을 보는 안목이 생기는 법입니다.

스몰 토크에서 적극적인 분위기를 담으십시오. 세상에 시니컬한 분위기를 담아서 스몰 토크를 하는 사람들이 많습니다. 한마디를 하더라도 긍정적인 분위기를 주는 말을 주고받으면 좋은 스몰 토커가 될 수 있답니다.

어느 날 아침에 전화를 받습니다. 그런데 "그것을 몇 시간 후에 확인하실 수 있으며 답장은 가능한 한 빨리 주시면 합니다."라고 합시다

수화자의 반응은 "잘 알았습니다. 그렇지만 지나치게 강요하지는 마십시오."라고 말한답니다. 이런 스몰 토크는 좋은 수화자의 태도가 아닙니다. "그냥 생각해 봅시다." 이 정도로만 반응해도 될 것을 오버 멘트를 한 것입니다.

토크를 잘하면 사람들의 관계가 매끄러워진답니다. 이런 상황에서 당신은 스몰 토크를 어떻게 하고 싶은 것입니까?

스몰 토크를 적극적으로 잘하는 비결은 첫째, 쉽게 말하기 바랍니다.

둘째, 공감이 가는 주제를 만들어 내기 바랍니다.

셋째, 최근의 이슈를 테마로 대화를 시작하기 바랍니다. 최근의 이슈가 그 사람의 주 전공이 아니어도 된답니다. 스몰 토크는 깊이 있는 전문성을 드러내는 대화는 아니랍니다. 가볍게 서로 스킨십을 하는 것이 스몰 토크랍니다. 스몰 토크를 하는 사람을 만나면 즐거워진답니다.

정부 고위직에 있는 사람들의 모임에 갔습니다. 그는 많은 사람들을 만나면서 한마디씩 개별적으로 스몰 토크를 해준답니다. 만나는 사람들은 자기 이야기를 하는 그 사람에게서 친밀감을 느낀답니다. 그는 스몰 토크의 주제를 최근의 이슈에서 찾아서 말한답니다. 그것도 그의 기술이랍니다.

"최근에 귀하의 칼럼을 잘 읽었습니다. 인상적인 내용이 있었습니다."

이런 멘트는 상대방에게 좋은 인상을 만든답니다.

제 3 장

[스몰 토크의 요건]

01 | 분명한 메시지를 담고 있어야 한다

직장에서 하지 않아야 할 스몰 토크도 있습니다. 개인의 명예를 훼손하는 메시지를 담은 스몰 토크가 그런 것이랍니다. 정서와 논리가 빈약한 스몰 토크도 삼가는 것이 좋습니다. 지나치게 논리의 비약을 하는 스몰 토크도 삼가야 할 것입니다. 논리의 비약이 담긴 스몰 토크를 하면 그것은 서로에게 부담으로 작용한답니다. 마음의 미묘한 부담이 되어서 되돌아오는 법이랍니다.

스몰 토크는 가볍게 하는 것이 좋습니다. 지나친 논리의 비약을 하지 않는 것이 좋습니다. 무엇이 논리의 비약이 담긴 스몰 토크일까요?

"당신은 이 분야의 학문으로 우리나라 대표 주자이고, 나는 경제 분야의 대표 주자로서 우리가 뭔가를 도모하면 한국을 이끌어 가지 않겠는가?"

이런 식의 스몰 토크를 초면에서 말한다면 서로에게 부담되는 스몰 토크랍니다. 이런 스몰 토크는 피하기 바랍니다. 스몰 토크에서 지나친 논리의 비약을 하면 서로에게 신뢰를 갖기가 어렵습니다. 초면에 이런 식의 이야기, 왜 학문의 대표 주자가 나인가……, 이것은 지나친 논리의 비약이 아닌가, 이런 것을 다시 생각해볼 가치가 있답니다.

02 | 상대에게 유익하고 알찬 정보를 담는다

스몰 토크가 상대방에게 유익해야 한답니다. 그러므로 상대방의 감정을 부정적으로 자극하는 스몰 토크는 하지 말기 바랍니다.

어느 날 우연히 옛 상사를 만난답니다. 그는 상대와 나이가 비슷하답니다. 그런데 그가 반말 비슷하게 말한답니다. 지금도 지난 시절의 상사인 척하는 대화 내용으로 스몰 토크를 한답니다. 반말투의 이런 스몰 토크는 바람직하지 못하답니다.

'쳇, 자기가 지금도 상사인가.' 이런 심리를 갖게 한답니다. 직장에서의 맡은 역할의 차이는 있습니다. 지난 상사라도 지금 만나면 전혀 그런 티를 내지 말고 동년배라면 서로 존칭을 해서 말해야 한답니다. 그게 스몰 토크에서 성공하는 길이랍니다. 무엇을 하든지 간에 사람들은 스몰 토크를 하면서 지낸답니다.

전화 통화에서도 스몰 토크를 하는 경우는 많습니다.

전화로 하는 말은 스몰 토크가 대부분이랍니다. 30분 이상 전화를 하는 경우는 드물기에 그렇습니다. 우리는 일상적으로 별 생각없이 전화를 한답니다. 전화에서 하게 되는 스몰 토크의 내용은 개인의 인품을 드러낸답니다. 개인의 인품만이 아니랍니다. 전체적인 일의 진행을 좌우하기도 한답니다. 스몰 토크는 전화 속에서도 작용하는 대화의 원리를 안고 있습니다. 여러분이 스몰 토크에서 성공하지 못하는 요인은 이런 것이랍니다.

그 하나는 두려움이랍니다. 스몰 토크 내용을 이렇게 하면 상대방이 반응을 어떻게 할 것인가를 지나치게 깊이 생각한 나머지 대화를 그르치는 경우를 흔히 본답니다. 말할 것을 말하지 않고 점잖은 체 있다가 코너에 몰린답니다. 부부 간에도 코너에 몰리기 전에 말하고 상대방이 파고들기 전에 말하기 바랍니다. 상대에게 공격 거리를 만들어주지 말고, 항상 자기의 인격의 거리를 유지하기 위해서는 스몰 토크에서 용기가 필요하답니다. 모든 인간은 평등하므로 두려워하지 말고 당당하게 말할 것은 말하기 바랍니다

상대방이 아무리 높은 세상의 타이틀을 가지고 있어도 그것은 다 사람들이 만든 것이랍니다. 인간은 기본적으로 평등하다는 생각을 갖고 스몰 토크에 임하기 바랍니다. 지위는 일시적인 것이랍니다. 이런 생각을 하면서 누구나 자기 권익을 지키기 위해서 이야기를 할 권리가 있다는 생각을 하고 두려움을 극복하

면 할 수 있는 스몰 토크가 많습니다.

- 스몰 토크를 하면서 상대에게 유익한 분위기를 말에 담으라.
- 알찬 내용을 담아서 서로 좋은 분위기 속에서 스몰 토크를 하라.
- 부정적인 분위기를 연출하는 어휘는 스몰 토크에서 선택하지 말라.

03 | 감동과 스토리를 담아야 한다

스몰 토크에 감동과 스토리를 담음으로써 내재하는 힘이 작용한답니다. 그런 힘을 보면 여러 가지가 있답니다.

먼저 인생의 난제들이 스몰 토크를 통해서 풀리기도 한답니다. 작은 대화를 통해서 어려운 문제들이 쉽게 풀리기도 한답니다. 말을 하다 보면 어려운 것 같은 문제를 다룰 대안을 주고받을 수도 있답니다. 상상력의 극대화를 가져올 수 있답니다. 스몰 토크는 상상력의 뿌리 역할을 하는 경우가 많습니다. 스몰 토크로 작은 생각을 모으면 상상력을 발휘할 기술을 체득하게 되는 경우를 보게 된답니다. 감정의 수련이 된답니다. 스몰 토크를 부드럽게 하면 감정이 다루어진답니다.

중국 연변의 한 마을에서의 일이랍니다. 조순은 이곳에서 선생님을 합니다. 그는 자본주의 국가의 선생님과는 다르게 국가 이념을 학생들에게 많이 가르치는 편이라고 합니다. 그는 숙제를 많이 내준답니다. 그의 숙제는 고등학생들이 풀기에는 다소 버거운 주제가 많답니다. 이를 테면 '자본의 힘이 시장에 미치는 영향력을 기술해 보세요. 200자 원고지 17장 정도로 요약해서 발표해 보기 바랍니다.' 이런 식이랍니다.

그가 가르치는 고등학생들은 그녀의 이런 숙제 요청에 부응하려고 책들을 읽기 시작합니다. 그녀는 책을 안 읽으면 해오기 어려운 주제의 숙제를 많이 내는 편이랍니다. 학생들은 당황하고 고생스러워 한답니다. 하지만 그녀의 이런 숙제들이 중국의 고등학생들을 시야가 더 넓은 인적 자원으로 성장시키는데 기여한답니다.

오늘도 칭리는 이 숙제를 받고서 고민한답니다. 그는 이 숙제를 푸는 길은 스몰 토크를 통한 지식 모으기에서 시작할 수 있다고 생각합니다. 그리고 열심히 친구들과 대화를 나눕니다. 이 주제의 기승전결을 구성하는 문제부터 토론을 시작한답니다. 스몰 토크인 셈입니다. 그리고 생각을 모읍니다. 생각 분석을 하고, 기승전결을 이룹니다. 그리고 숙제를 하여 발표를 합니다. 관점의 스펙트럼이 좋았다는 평가를 받게 됩니다. 칭리는 이런 방법으로 난제를 극복해 간 것입니다. 감동과 스토리를 담은 스몰 토크로 난제를 푼 경우에 해당한답니다.

어려운 문제를 관철하게 하는 힘이 감동과 스토리로 구성된 스몰 토크 안에 존재한답니다.

이탈리아에서의 일입니다. 환경 운동가인 하인리히는 이런 스몰 토크를 합니다. 스몰 토크를 통해서 자기의 의지를 다진답니다. 스몰 토크를 하면서 그는 자기 생각을 전파한답니다. 그가 전파하는 주제는 환경 문제랍니다.

"그래 기업이 발전하는 것도 좋기는 하지만 반드시 환경오염을 막는 그런 방식으로 기업 행위를 해야 한답니다. 그렇지 않으면 멀지 않아서 이탈리아는 더 많은 환경 복구 비용을 들여야 할지 모른답니다."

이런 스몰 토크를 한답니다. 이런 과정을 통해서 그는 자기의 환경 보호에 대한 의지를 적용하고 관철하게 됩니다.

04 | 쉽고 부담이 없어야 한다

스몰 토크의 주제는 쉬워야 하고 부담이 작아야 한답니다. 특별한 경우를 제외하곤 무거운 주제는 스몰 토크 주제로 부적합하답니다.

이를 테면 이렇습니다.

"연봉 1달러를 받는다는 것을 공개적으로 말하는 기업 경영자들이 나타나는 중이랍니다. 이런 현상에 대한 귀하의 의견은 무엇입니까?"

이런 질문을 여러분이 한 대학생 동아리 모임에서 받는다면 어떻게 답변할 것입니까?

"저에게 어려운 질문이라는 생각입니다. 여러분과 같이 로마시대로 되돌아가보고자 합니다. 일은 주로 노예들이 한답니다. 보수는 생각도 못했습니다. 그래서 노예들은 일을 고통의 씨앗으로 바라본답니다. 비

화폐 노동은 노예들의 일을 통해서 발아한답니다. 조선의 육의전은 각종 상인들의 일터랍니다. 여기서는 세상의 물자를 모아서 파는 상인이라는 직업인들이 많았답니다. 이들은 돈을 벌기 위해서 열심히 일한답니다. 일을 하고 대가를 받는 화폐 노동을 한 셈이랍니다. 18세기 산업혁명의 물결이 밀려온답니다. 돈을 받고 노동을 한답니다."

여기까지 이야기를 한 후 한숨을 쉬고 나서 다시 이렇게 이어가면 좋습니다.

"돈을 많이 투자한 자본가들은 18시간 이상을 근로자들에게 노동하라고 한답니다. 사둔 기계를 놀리는 것이 부담이 크다고 생각한 것이랍니다. 하지만 보수는 정말 생존의 바닥을 헤맬 정도로 지급했답니다. 그래도 일터가 부족한 근로자들은 일을 하기를 꺼리지 않았답니다. 이들의 화폐 노동은 부를 창출하는 원동력이 된답니다. 자본가들에게 요구를 시작한답니다. 적게 일하고 더 많은 보수를 받기 위한 투쟁이 시작된답니다. 협상을 하고 만들어진 이와 같은 보수 시스템은 우여곡절을 거친답니다. 20세기에 들어와서 에니악 컴퓨터가 직업 과정에 투입되자 일의 가짓수가 늘어난답니다. 직업의 전문화가 가속화된답니다. 회사에의 이익 기여도가 커진답니다. 직무 값을 수학으로 계산하는 전문가들이 생긴답니다. 스톡옵션 제도라는 것이 생긴답니다. 자기 직무를 통해서 회사에 많은 수익률을 창출한 개인이 더 많은,

그에 상응하는 보수를 받는 시스템으로서 스톡옵션 제도는 미국을 중심으로 발달한답니다.

'야후' 같은 회사들은 스톡옵션 제도를 통해서 우수 직원을 유인한답니다. 인재들이 이런 제도를 보고 더 많이 야후에 몰린답니다. 핵심 인재를 보는 기업가들이 늘고 있습니다. 이들은 핵심 인재에게 더 많은 보수를 준답니다. 다른 직장으로 옮겨가는 것을 의미하는 커리어 체인지를 해버릴 개연성을 조심하면서 다른 인재들과 보수에서 차별성을 제공한답니다. 하지만 이는 비밀이랍니다. 회사에서 이것이 다 알려지면 형평성 논쟁이 촉발될 가능성 때문이랍니다. 탁월한 기술과 시야를 가진 핵심 인재가 필요한 이유는 물론 시장에서의 경쟁력 확보를 위해서랍니다. 하나의 제품이 일년에 10조 원의 매출을 한다는 다국적 제약회사 S사와 같은 경우는 더욱 연구원 중에서 하이 퍼포머(High Performer)들을 특별한 보수 체계로 관리한답니다. 심적으로 편하게 해주는 일까지 한답니다.

연봉만을 보고 직업을 선택하면 오류에 들어갈 가능성이 크답니다. 구글, 델파이, 애플의 CEO는 1달러 연봉으로 일하기로 회사와 계약을 하였는지도 모른답니다. 이들은 물론 회사 업적이 좋아지면 더욱 높은 연봉을 받을지도 모른답니다. 경영 위기를 맞이한 1978년 클라이슬러 자동차 회사의 최고 경영자에 취업하면서 연봉 1달러로 일하겠다고 선언한 아이오코카, 그는 모험의 새벽 정신으로 그런 연봉 계약을 하고 일에 임했는지도 모른답니다."

시간이 남으면 스몰 토크는 이렇게 대화를 이어갈 수 있을 것입니다.

"한국의 국가 부채가 증가하는 현 상황에서 경영 성적이 안 좋은 상태에서 신입 직원보다 20배 이상 높은 몇억 대의 연봉이 생각난답니다. 다시 한국의 일부 공기업 CEO들의 연봉을 직무 기여도, 직무 가치와 비교해서 다시 수학적으로 계산해볼 생각은 없는지? 연봉만을 제일 기준으로 보고 직업을 선택하려는 경향이 강한 한국의 청년들에게 연봉 1달러의 의미를 다시 한 번 새기는 것은 어떤지 질문하고 싶은 아침이랍니다."

- 쉬운 스몰 토크를 통해서 어려운 문제를 세상 속에서 성취할 힘을 기르라.
- 부담 없는 직원 상호 간의 커뮤니케이션에 관한 다양하고 어려운 장애가 파생해도 스몰 토크로 그 장애를 극복할 수도 있다.
- 스몰 토크는 안 되는 일을 되게 하는 매력을 지니기도 한다.

05 | 친절하고 격의 없이 진행되어야 한다

친절하고 격의 없는 스몰 토크일수록 좋습니다.

콩고에서 성장한 치타라는 소녀의 이야기입니다. 콩고 앞바다에서 그녀는 친구 세리와 같이 수영을 한답니다. 소녀는 수영을 하면서 상상을 한답니다. 그리고 상상한 것을 말로 표현한답니다. 바닷속의 맑은 물은 소녀의 가슴을 설레게 한답니다. 소녀는 상상을 하는 중에 새로운 영감 같은 것을 얻습니다. 소녀는 가장 자극적인 상상을 하면서 수영을 즐긴답니다.

그녀가 하는 자극적인 상상이란 이런 것들입니다. 왕자를 만나서 아름다운 가정을 꾸리는 것, 그것을 그녀는 상상 속에 그려본답니다. 소녀의 상상은 가정을 이룬 후 인테리어 구상을 하는 것으로 발전합니다. 주택의 인테리어를 이렇게 만들고 구상할 예정이랍니다.

"벽에는 피카소 그림을 부착해야지. 한 점, 두 점 이상의 피카소 그림이면 될 거야. 그래 주방을 파스텔 톤으로 밝게 꾸미는 거야. 정원에는 장미와 목련을 심을 거야. 정원에는 조명등을 달고 밤새 이야기할 벤치를 설치할 거야."
　이런 말을 합니다. 치타는 세리에게 이런 말을 하면서 상상을 한답니다.

　상상력을 극대화하려면 스몰 토크를 이렇게 진행하는 것도 한 방법입니다. 상상력의 극대화를 지향하면서 미래를 만들어 가려면 스몰 토크에 부지런해져야 한답니다. 상상력을 극대화하는 힘을 스몰 토크의 활성화에서 오는 것입니다. 친절한 스몰 토크는 상상력의 샘을 자극하기도 한답니다.
　친절한 스몰 토크를 하면 상상력이 극대화됩니다. 상상력을 극대화하려면 스몰 토크를 지속적으로 잘해가야 합니다. 그래야 속세의 일들에 대한 상상력이 성장할 수 있습니다.
　만약 당신이 상업고등학교를 방문해서 고교 3학년 졸업반에게 스몰 토크를 할 기회를 갖는다면 무슨 내용으로 스몰 토크를 하겠습니까?
　첫째, 구체적인 질문을 동반하듯 이야기하는 것이 좋답니다.
　둘째, 상상하면서 말하기 바랍니다. 그러면 상대방의 공감 수준이 인지되는 그런 경험을 하게 될 것입니다.
　셋째, 세부 설명하기에 대한 세심한 주의와 확장하는 순간의 논리를 구성하여 스몰 토크를 하기 바랍니다.

넷째, 마음속에 질문을 갖고 답을 찾는 듯이 말하는 것이 좋습니다. 여러분이 인도한 대로 학생들이 마음으로 따라오게 말하는 것은 좋답니다.

다섯째, 다른 속도를 혼용하기 바랍니다. 느리게 말하기도 하고 신속히 말하기도 하되 중간 속도로 말하는 것도 활용해서 스몰 토크를 하기 바랍니다.

- 친절한 스몰 토크를 자주하면 상상력이 증가한다는 생각을 처음부터 갖고 있는 것이 좋다.
- 격의 없는 스몰 토크를 하다 보면 자기의 상상력은 절로 증가하게 된다.
- 스몰 토크에서 적절한 상상력을 발휘하고, 개인의 상상력을 연마하기 위해서 항상 노력하라.

06 | 세련된 품격을 담고 있어야 한다

스몰 토크를 통해서 세련된 당신의 이미지를 알리는 시간을 하나둘 저축할 수 있습니다.

"당신은 잠재력을 가진 존재입니다. 그래 다시 시도해 보세요. 당신이라면 잘할 수 있답니다."

이런 이야기를 해보기 바랍니다. 그렇게 하면 상대방은 여러분에게 좋은 감정을 가질 수 있을 것입니다. 스몰 토크를 잘하면 좋은 감정이 단련될 수 있답니다. 좋은 감정은 우수한 스몰 토크에 의해서 단련될 수 있는 법입니다. 스몰 토크는 좋은 감정을 수련하는 파워를 지닌답니다.

"여러분에게는 지금이 인생에서 직업을 갖는 시즌입니다. 젊은이 여러분에게는 어느 길을 선택할 것인가가 가장 고민되는 시기가 지금입니다. 길에는 많은 갈래가 있답니다. 어느 갈래의 길을 갈 것인가는 매우 중요하답니다. 노랑 개나리가 피어 있는 길, 하얀 목련이 핀 길, 여러 길 중 어느 길을 걸을 것인가는 각자의 선택 사항이지요. 길에는 수많은 카드가 있답니다.

길은 길을 부릅니다. 각각의 길은 서로 다른 개성을 지니고 있답니다. 청소년기에는 여러 인생의 길을 앞에 두고 있는 시기랍니다. 인생을 긴 안목에서 보면 참으로 다양한 선택지가 놓인, 그야말로 기회 앞에 놓인 존재라고 할 수 있답니다. 개나리를 만나기도 하고 목련을 만나기도 할 것입니다. 그것은 여러분이 어느 길로 가는가에 달린 문제랍니다. 길을 커리어 패스라고 한답니다. 자기 커리어의 방향을 생각하세요. 직장인 B는 이런 길을 걷습니다. 먼저 마케팅을 한답니다. 5년차에 그는 중국어를 배웁니다. 주변에서 바쁜데 중국어를 배울 틈이 있느냐고 묻지만 그는 다르게 생각합니다. 바빠도 시간을 할애하여 중국어를 공부합니다. 그는 회사의 중국 비즈니스부가 생기니 그곳으로 가게 됩니다. 준비를 한 덕이죠. 인생의 길에는 준비하면 여러 찬스가 자기 것이 될 수 있답니다.

속담에 '장화에 물을 묻히지 않고는 고기를 어획할 수 없다.' 라는 말이 있답니다. 여러분, 항상 길을 가려면 그곳을 향한 준비, 가고자 하는 길을 방문해 보는 것이 필요하답니다. 길은 선택을 요구합니다. 커리어의 길은 더욱 그렇답니다. 아스라이 피어오르는 안개를 따라서 여러분은 하나의 길을 선택해서 가야 할 것입니다. 그 길에서는 세상의 모든 것들을 다 보기는 어렵지요."

약간 쉰 후 이렇게 대화를 이어가기 바랍니다.

"길에서는 여러 가지를 만나게 될 것입니다. 길은 새로운 가능성을 보여주기도 하지요. 길은 연이어 이어진답니다. 하나의 길을 선택할 수밖에 없는 것이 인간이지요. 이런 선택은 인간에게 한 번밖에 주어지지 않는답니다. 이런 것을 여러분이 알아야 합니다."

품격을 지키면서 스몰 토크를 하기 바랍니다. 스몰 토크에서 자기감정을 순하게 만들어서 발언하면 그것으로서 그는 리더로 성장할 토양을 확보하게 되는 것입니다.

- 세련된 스몰 토크를 잘하면 개인 감정의 조율을 잘할 수 있게 된다.
- 품격을 갖춰서 감정을 승화해서 말하면 좋은 스몰 토크를 할 수 있다.
- 누구나 감정을 드러내기는 쉽다.

제 4 장

[기분 좋은 스몰 토크 만들기]

1 | 상대에게 유익을 주는 스몰 토크를 하라

01 | 마음을 비우고 대화를 즐겨라

　마음을 비우고 대화를 즐기면 좋은 기분, 좋은 스몰 토크가 가능하답니다. 철학자 플라톤은 "아름다운 개별적인 사물들과 아름다움 자체는 서로 다르다."라고 했습니다. 그는 이런 말을 시작하면서 미학에 대하여 이야기한답니다.
　스몰 토크는 시작이 중요하답니다. 무슨 말로 스몰 토크를 시작할 것인가부터, 좋은 스몰 토크 만들기에서 적정 타이밍은 존재하는가가 항상 사람들의 관심의 대상이 된답니다.
　스몰 토크는 '부드럽게 시작'하는 것이 좋답니다. 시작이 부드러워야 한다는 말입니다. 아울러 속도를 조절하는 것이 시작부터 필요하답니다. 스몰 토크의 속도 조절은 그 효과성을 높이는 데서부터 영향을 준답니다. 스몰 토크를 하는 경우에는 눈동자를 보면서 서로 느낌을 교환하는 것이 좋답니다. 느낌 교환은 스몰 토크의 시작 단계에서부터 하기 바랍니다. 특히 시작의 단계에서 핵심 메시지를 강조하는 스몰 토크가 되면 좋은 시간이 될 것입니다. 짧은 시간 내에 열매를 가져오는 스몰 토크를 하는 데는 더욱 시작 단계에서 핵심 메시지의 강조가 긴요한 법입니다.

짐바브웨에서의 일입니다. 대학 수업을 하는 C교수는 질문할 시간을 주지 않고 여러 차례 일방적으로 수업을 합니다. 그런데 스미드는 자기의 견해를 말하는 시간을 경제학 시간에 갖기를 원합니다. 그렇지만 서둘지 않고 기다립니다.

'교수님께서 생각이 있으실 거야.'

수업이 중반 정도 진행된 어느 수업 시간입니다.

"스미드군, 이야기하세요. 왜 인플레이션이 안 좋다고 생각합니까? 지금까지 나의 강의를 들으면서 배운 것을 한 번 발표한다는 의미에서 질문합니다."

"예, 저는 인플레이션이 되면 물가가 오르고 사람들은 고물가에 시달리게 돼서 안 좋다고 생각합니다. 지나친 인플레이션은 화폐 가치를 하락하게 하기도 합니다. 그리고 부동산 가격을 앙등하게 해서 국가 경제를 이롭지 못하게 합니다."

기다리니 적정 시간이 생겨난 것입니다. 적정 타이밍을 누구든지 기다려야 한답니다. 마음을 비워야 타이밍이 보입니다.

네루는 자기 딸 간디에게 말한답니다.

"인간은 인생에서 자기 앞을 가리고, 자식들 키우고 생활하다 보면 평범한 존재일 수밖에 없단다. 하지만 그럼에도 큰 뜻을 품고 노력을 하면 그것이 축적되어 위대한 일을 하게 된단다. 그러므로 미래를 잘 준비해야 한단다."

인디라 간디 여사는 이런 아버지의 스몰 토크에 자극을 받는답니다. 그런 영향에 의해서 그녀는 인도를 리드하는 인도 수상이 된답니다. 적정 타이밍에 자녀에게 해준 스몰 토크가 효험을 발휘한 케이스랍니다. 스몰 토크는 수용자가 필요한 적정 시기에 하는 것이 좋습니다.

스몰 토크에는 시작할 타이밍이 존재한답니다. 어느 때 토크를 시작할 것인가를 생각하여야 한답니다. 마음을 비우고 적정 타이밍을 잘 포착해야 한답니다. 적정 타이밍을 잘 파악하기 위해서는 첫째, 경청하기 바랍니다. 잘 들어야 말할 시기를 잘 포착할 수 있답니다.

다른 사람의 이야기를 잘 듣기 바랍니다. 의미와 중심 개념을 잘 파악하는 것이 경청의 태도입니다. 경청을 해야 만이 성공적인 스피치가 가능하답니다. 경청을 하기 위해서는 마음의 집중이 필요하답니다.

마음을 가다듬고 첫째 코로 깊게 숨을 쉬기 바랍니다. 코로 깊게 숨을 쉬면서 자연 속으로 들어간다는 상상을 하기 바랍니다.

둘째, 마음을 비우고 편하게 말을 하는 버릇을 갖기 바랍니다. 편한 태도로 말을 하기 바랍니다.

셋째, 마음을 비워 말을 하면서 미소를 짓기 바랍니다. 마음속의 미소를 짓기 바랍니다. 물론 심각한 내용이면 포커페이스를 해야 하기도 한답니다. 말을 하면서 서로 바라보기 바랍니다. 바라보면서 들으세요. 그러면 경청이 가능할 것입니다. 경청을 하면서 한마디 한마디를 새겨서 듣기 바랍니다. 새기면서 들으면 그것이 하나의 버릇이 된답니다. 이런 버릇을 키우게 되면 당신은 보다 더 진지한 태도로 들을 수 있을 것입니다.

경청은 리더십 발휘의 가장 기초가 된답니다. 잘 들어야 만이 잘 리드할 수 있답니다. 지미 카터는 미국 대통령으로서 잘 듣는 대통령이었답니다. 그는 잘 들으면서 자기 직무를 수행한 것입니다. 잘 듣는 그에게 참모들은 건의나 의견을 개진하는 일을 그렇게 부담스럽게 생각하지 않고 할 수 있었다고 합니다. 한 가지 이야기를 잘 경청하면 다른 이야기를 잘 이해하게 된답니다.

- 마음을 비우고 인내하면서 기다리면 스피치의 적정 타이밍을 맞출 수 있다.
- 적정 타이밍을 놓치면 그 일을 스몰 토크로써 완벽하게 말하는데 더 많은 비용을 지불해야 한다.
- 마음을 비운 스몰 토크 적정 타이밍은 그것으로써 일을 성취시키기도, 무산시키기도 한다.

02 | 최근에 이슈가 되고 있는 주제를 선택하라

주제는 최근 이슈에서 찾기 바랍니다. 스몰 토크는 지금의 상황에서 주제를 찾는 것이 좋습니다. 이를 테면 이렇답니다.

"당신의 지금 연기 속에서……, 그 눈동자가 우수에 젖어서 좋습니다. 그런 분위기로 이 드라마를 연기하면 좋겠습니다."
드라마 연출자가 주연 여배우 N에게 말합니다. 이 한마디의 멘트가 부드럽게 들려온 것이랍니다. N은 더욱 흥이 난답니다. 이런 평가를 받으니 더욱 우수에 찬 눈매로 연기를 잘할 수 있게 된 것이랍니다. 한마디의 스몰 토크는 그녀를 연기에 몰입하게 한 것입니다.

개인의 사생활 보호를 위해서 침해하지 말아야 할 영역에 함부로 들어가는 스몰 토크를 하는 버릇을 지닌 사람이 있답니다. 그런 사람들은 종종 자기가 다른 사람의 일들을 구석구석 알아야 한다고 생각하는 그런 부류의 존재들입니다. 이런 사람은 대개 남의 구석구석을 안 후 그들의 취약점을 파악하려고 한답니다. 그리고 그들을 보이지 않게 지배하려는 그런 경향을 보이는 행태가 많이 발견되곤 한답니다. 이런 의도로 스몰 토크를 하면 상대방이 스트레스를 받는답니다. 그러므로 부드럽게 스몰 토크를 시작하기 바랍니다.

"도스토예프스키는 이렇게 말했습니다. 인간은 옥수수와 나무가 자라나는 토지 위에서 성장해야 한다."

이런 말을 하면서 스몰 토크를 시작하는 것도 좋습니다. 도스토예프스키가 한 말이라는 것을 밝히면서 스몰 토크를 시작해도 된답니다. 시작은 누구나 공감하는 그런 주제로 이야기를 하는 것이 좋답니다.

부드러움을 주면서 이슈를 최근 주제에서 시작하기 바랍니다. 스몰 토커들은 대화를 부드러운 내용으로 시작할 줄 아는 사람입니다. 좋은 스몰 토커(Good Small Talker)는 대화 상대방의 장점을 찾아서 말해 주는 그런 태도를 지닌 사람입니다. 그렇게 하려면 상대의 장점을 알아내야 한답니다. 상대의 진정한 장점을 알아내기 위해서 노력을 경주하기 바랍니다. 그렇게 하기 위해서는 대화 속에서 자기를 조금 낮추는 겸양의 태도가 필요하답니다. 자기의 눈높이를 낮춰 상대방의 눈높이에 맞추든지, 자기의 눈높이를 높여서 상대방의 눈높이에 근접하는 태도가 필요하답니다. 이를 위해서는 상대방의 진가를 알아보는 것이 먼저 필요하답니다. 좋은 스몰 토커는 대화를 하면서 자기 할말은 다 하되 상대방의 기분도 좋게 하는 기술을 발휘하는 사람입니다.

03 | 상대를 기분 좋게 해줘야 나도 즐겁다

　상대방의 기분을 맞춰서 하기 바랍니다. 상대를 배려한 스몰 토크가 좋다는 말입니다. 좋은 스몰 토크는 말하는 사람만이 아닌 듣는 사람도 기분이 좋아야 한답니다. 아부를 하라는 말은 아닙니다. 스몰 토크는 듣는 이를 배려하는 데서 출발하기 바랍니다.
　일터에서 스몰 토크를 하는 경우는 많습니다. 거의 대부분이 스몰 토크로 이어 지는 경우가 많답니다. 스몰 토크로 비즈니스의 대부분이 이뤄지는 경영자들의 일과가 대부분이랍니다. 기업을 경영하는 사람들도 스몰 토크에 의해서 비즈니스의 성패를 만들어 가는 셈이랍니다. 우리에게서 인기를 끈 영화 〈광식이 동생 광태〉에서 이런 대화가 나옵니다.
　"인연이라는 것도 알고 보면 우연, 운명의 장난이 모아진 것"이라는 말이 그것이랍니다.

연인 사이에 오가는 스몰 토크인 셈입니다. 데이트를 하는데도 이런 스몰 토크는 유효하답니다. 세상에서의 이성 간의 만남 속에서 서로 친해지려면 무수한 스몰 토크를 주고받아야 한답니다. 스몰 토크의 교환을 통해서 서로 우호적인 감정을 지닌 사이로 발전해 가는 것이 데이트인지 모른답니다.

　연인을 만들려면 좋은 스몰 토커의 제1조인 자기를 낮추는 그런 대화의 태도가 요긴한 법입니다. 이런 태도는 하루아침에 만들어 지는 것은 아니랍니다. 이런 대화의 태도는 상대방 속으로 들어가서 그가 가진 장점을 알아내려는 적극성에서 도출될 수 있는 것입니다.

　좋은 스몰 토커가 되려면 절제가 필요하답니다. 절제는 말하려는 것을 다 말하기 전에 생각을 하는 과정을 거쳐서 말하고자 하는 것을 거르는 태도로부터 잉태될 수 있답니다. 하고 싶은 말을 다 해버리는 것이 좋은 스몰 토커는 아니랍니다. 그러나 해야 할 말은 걸러서라도 반드시 할 수는 있는 것입니다. 말하는 순간 절제력을 발휘한다는 것은 생각만큼 쉬운 일은 아니랍니다. 하지만 잘하면 스몰 토커로서 좋은 매너를 지닌 그런 인재로 평가 받을 수 있을 것입니다. 언어의 표현에만 치중하기보다는 밝은 표정으로 상대에게 마음의 문을 열고서 진입하는 노력이 먼저 선행되면 절제심은 발휘될 수 있을 것입니다. 좋은 스몰 토커는 절제력을 갖고 대화에 임하는 그런 인물인 것입니다.

- 상대에게 기분 좋은 스몰 토크를 시작하면 열매도 자연스럽게 열린다.
- 기분 좋은 스몰 토크를 하려면 인격의 거리를 유지하라.
- 시작이 부드러우면 일의 본질을 정확하게 들여다 볼 수 있는 찬스가 많아진다.

04 | 자기가 잘 알고 있는 내용으로 시작하라

말하는 자가 잘 아는 내용을 던지는 스몰 토크가 좋습니다. 자기가 리드를 해야 하므로 그렇습니다.

아르헨티나에서의 일입니다. 날씨가 더운 날이었답니다.
"오늘은 이런 분이 우리 회사에 옵니다. 패션 수출 바이어입니다. 그분과 협상할 때 가격 정보를 정확히 알려 드리는 것이 효과적인 방법이 될 것입니다."
그는 천천히 말한답니다. 그렇지만 가격 정보 부분에서 또렷하게 적당한 속도로 말한답니다.

스몰 토크의 파워를 가지려면 말하는 속도가 한 문장에서도 각각 이처럼 다르게 구사되면 좋습니다. 자기가 아는 내용을 중심으로 던지는 것이 좋은 스몰 토크의 길입니다.

좋은 스몰 토커는 말하는 속도를 조절할 줄 아는 사람이랍니다. 말을 함부로 빠르게 하지 않기 바랍니다. 그렇다고 말을 느리게 하는 것도 별로 임팩트가 강하지 못하게 될 것입니다.

좋은 스몰 토커가 되려면 잘 아는 것을 던지는 지혜가 필요하기도 하답니다. 인생에서는 더욱 그렇답니다. 인생에서는 시기가 있답니다. 무르익는 시간을 허여(許與)해야 하는 기다림이 필요하답니다.

"이런 기다림의 시간을 잘하고 싶은가. 어떻게 기다리는 지혜를 인생에서 발휘할 것인가?"

이런 질문을 기자로부터 여러분이 받는다면 어떻게 스몰 토크하겠습니까?

"인간의 내면은 욕망과 한계가 존재하는 집이라고 할 수 있답니다. 인간의 욕망은 바르게만 활용되면 긍정적인 열매를 가져올 수 있답니다. 전문가가 되고자 하는 욕망이 있다는 것은 좋은 일이랍니다. 하지만 속도 조절은 필요한 법이랍니다. 일은 시간을 필요로 하는 경우가 많기에 그렇답니다. 하지만 사람들은 적절한 기다림을 만들어 가는데 서툰 경우가 많답니다. 현대 사회 속에서 일하는 인간에게는 완결의 욕망(Vouloir Conclure)이 존재한답니다. 완결의 욕망이란 무엇을 시작하면 그것을 열매 맺는 순간에 이르기까지 가져가려는 욕망이랍니다. 그래서 무리를 합니다. 무리를 하다보면 두뇌가 피로해 진답니다. 좋은 작품을 만들 수 있음에도 이런 욕망은 졸작을 가져오는데 기여하게 된답니다. 그렇다고 해서 완결의 욕망이 다 안 좋은 것은 아니랍니다. 인간은 일 속에서 항상 완결의 욕망을 가져야 한다는 분들도 있습니다. 하지만 이런 욕망은 세상 속에서 자기의 분수를 망각하게 하기도 한답니다. 어떤 일은 완결을 하기가 구조적으로 어려운 경우도 존재합니다. 직장에서의 일이 이런 경우가 많습니다. 그러므로 헛된 욕심보다는 자기가 맡고 있는 동안에 최선의 노력을 다하는 자세가 더 가치가 크답니다. 만약에 열매를 맺는 것이 자기가 맡고 있는 그 기간에 가능하고 당연한 수순이면 그렇게 하는 것이 좋습니다. 하지만 열매를 맺지 못할 타이밍에 자기가 그 일을 맡은 경우라면 씨앗을 심는 것만으로도 가치를 느끼면 된답니다. 우리나라 사람들은 완결의 욕망을 아무 경우나 일터에서 발휘하려는 경향이 강한 민족이라고 어느 외국인은 말한답니다. 그래서 가능한 '빨리빨리' 의식에 들어가게 되는지도 모른답니다.

약간 쉰 후 말을 이어가면 좋겠습니다.

"영국의 가난한 가정에서 태어난 19세기의 교회 음악 작곡가가 있습니다. T.A.월 미스리(T.A.Walmisley)입니다. 황실의 특별한 은사로 그는 비엔나에 유학을 합니다. 그는 그곳에서 모차르트(Mozart)에게서 작곡 수업을 받았는데, 그는 작곡을 배우면서도 항상 두뇌 안식의 시간을 수시로 갖었답니다. 그것이 그의 영감을 자극했답니다. 그가 작곡한 곡을 보면 이렇습니다. 그는 완결의 욕망을 절제하면서 오랫동안 작곡을 한답니다. 한 곡의 완성을 위해서 시간을 충분히 갖었고, 그렇게 해서 완성한 곡이 많답니다.

〈Not Unto Us, O Load〉는 이런 영감 속에서 작곡이 되었답니다. 사람들은 그의 곡을 통해서 감명을 받습니다. 두뇌 안식의 힘은 이런 작곡 작품을 생산하는 힘이 된답니다. 축구 경기에서 골을 넣도록 어시스트를 기록하는 선수가 축구에서 골을 넣은 선수 못지않게 팀에 기여한 바가 크다고 하는 것은, 그들이 자기가 골을 넣어서 완결의 욕망을 채우고 싶은 것을 절제한 덕분이 아닌가 한답니다."

이런 내용의 얘기를 해보기 바랍니다. 그러면 상대로부터 이 사람이 대화 상대로서 상식이 풍부하다는 평가를 받게 될 것입니다. 이 사람과 지속적인 대화를 하면 나의 역량이 증가하는데 도움이 될 것이라고 생각할는지도 모른답니다. 스몰 토크는 그런 의미에서 인간관계를 심화시키는 기술이랍니다.

05 | 순간순간의 상황을 살핀다

성공 스몰 토커들은 순간을 정밀하게 들여다보고 말해야 합니다. 그래야 좋은 스몰 토크를 할 수 있답니다. 이를 테면 이렇습니다.

노르웨이의 어느 낚시터에 친구들이 모입니다.
"친구, 자네 비즈니스는 어떤가?"
"그저 그렇지……."
"아무튼 이런 국면에서는 과잉 투자하지 않고, 서서히 시장을 보며 멀리 보고 가는 것이 진정으로 필요한 것 같아."
"그래, 좋은 말일세. 그렇게 신중하게 해야지……. 시장을 면밀하게 보고 느낌을 파악한 후 비즈니스를 각각 해가세."
친구 둘은 잔잔한 호수를 보면서 눈동자의 정감을 교환한답니다. 둘의 스몰 토크는 서로에게 힘을 주는 것 같습니다.

느낌을 서로 잘 주고받는 것이 필요하답니다. 스몰 토커로서 성공적인 대화를 진행하고자 하는 분들이 있다면 느낌을 먼저 서로 나누는 대화로 시작하는 것이 필요하답니다.

부부 간에 나눠지는 말은 길지 않습니다. 서로 일이 바쁘면 대화를 나눠가는 것은 대부분은 스몰 토크랍니다. 스몰 토크를 잘하면 서로 기분이 좋지만, 그러하지 못하면 기분이 안 좋은 경우가 발생합니다.

"스몰 토크를 잘하세요."

신혼을 앞둔 예비 부부가 오면 나는 그런 말을 하곤 한답니다. 부부 사이에 스몰 토크를 잘하기 위해서는 스몰 토크의 방법을 알고 있어야 한답니다.

첫째, 서로의 말을 눈동자를 보며 들으라는 것입니다. 눈빛을 교환하면서 듣는 태도는 부부 간에 더욱 중요하답니다. 특히 스몰 토크를 성공적으로 하는 데는 필요한 조건이 된답니다. 친한 사이일수록 이런 태도가 긴요하답니다. 스몰 토크는 내용의 핵심만을 담는 경우가 많으므로, 말하고 듣는 사이의 느낌의 교환이 필요한 법이랍니다. 가능한 가까이서 스몰 토크를 듣는 태도가 필요하답니다.

Ⅱ 브레인스토밍 찬스를 만들라

01 참여자들의 지적 수준을 파악한다

스몰 토크를 통해서 생각을 모을 찬스를 만들어 갈 수 있답니다. 브레인스토밍 찬스를 만들어 갈 수 있다는 말입니다.

좋은 스몰 토크를 하려면 참여자들의 지적 수준을 파악해서 해야 한답니다. 이것을 소홀히 하면 대화가 겉도는 경우가 발생한답니다. 대화가 스몰 토크 참여자의 수준에 맞춰서 진행되게 돕는 일도 긴요하답니다.

스몰 토크는 한 인간의 브랜드 가치를 만드는 기술이랍니다. 스몰 토크를 잘하면 개인의 가치는 올라간답니다. 당신이 한 곳에서 말할 기회를 가졌다고 합시다. 5분을 당신에게 줄지도 모른답니다. 그렇다면 당신은 어떤 내용으로 말하려고 하는가? 주제는 영화의 전망입니다. 영화의 미래, 한국 영화 비즈니스의 미래를 말하는 것이 당신에게 주어진답니다.

"한국 영화의 미래에 대하여 말해주실 시간입니다. 자, 여러분 기대하세요!"

이런 멘트가 파티에서 나온다면 당신이라면 어떻게 스몰 토크를 하겠습니까?

"저는 영화를 전공한 사람은 아닙니다. 하지만 사회자의 질문에 대하여 말하고자 합니다. 저의 견해를, 한국 영화의 여건과 미래를 나름의 시각으로 말하고자 합니다. 비슷한 종류의 소비를 소비 동질화 경향이라고 합니다. 소비 동질화를 통해서 마케팅 전략을 세우는 사람들이 늘고 있습니다. 이를 테면 2004년 개봉한 강우석의 〈실미도〉와 강제규의 〈태극기 휘날리며〉가 관객의 다수 호응을 받은 것 같은 현상이랍니다. 분단의 문제를 다룬 이 두 영화를 소비한 사람들은 소비 동질화의 경향을 보인 것이라고 할 수 있습니다."

02 | 브레인스토밍을 통해 생각을 모으라

　브레인스토밍을 위해서 좋은 기회가 스몰 토크 광장이랍니다. 영화에 대한 생각을 모은다면 이런 대화를 시작함이 좋습니다. 스몰 토크는 생각을 모으는 그런 과정으로 활용하면 좋답니다. 생각 모으기의 케이스를 봅시다.

　"뉴욕 타임즈가 우리나라 박찬욱의 영화 〈올드 보이〉를 평하는 중에 박 감독을 '한국의 히치콕' 이라고 했습니다. 좋은 평가에 인색하기로 소문난 뉴욕 타임즈의 평가라서 관심을 끈답니다. 하지만 이런 평가에 만족만 해야 할 것인가를 생각하기 바랍니다. 한국의 영화계라는 직업 환경에 들어가면 만족하고만 있을 그런 입장은 아닌 것 같습니다."

　이렇게 화두를 던지기 바랍니다.

"첫째, 영화 시나리오 작가의 빈곤 문제랍니다. 지금 많은 히트작들이 감독들이 직접 시나리오를 집필한 것들이 많답니다. 이런 작품은 나름대로 촬영 기법상의 장점은 존재한답니다. 하지만 그것만으로 한국 영화계의 직업 여건이 바람직하다고 평가하기에는 이르답니다. 전문 영화 시나리오 작가들이 체계적으로 양성되지 않고는 한국 영화의 성장에는 많은 장애가 존재하게 될 것입니다.

둘째, 영화 스태프와 배우, 감독 간 나누는 파이의 격차가 너무 크다는 점입니다. 한 개의 비즈니스가 발전하기 위해서는 구성원들의 직업으로 하기에 일정한 수준의 미래가 보여야 한답니다. 기계적인 평등을 말하는 것은 아니랍니다. 하지만 너무 크답니다. 영화 콘텐츠를 시장에 출시하기 위해서는 서로 간의 구체적인 협력을 통해서 수많은 사람들이 하는 작업의 산물이랍니다. 이런 산물을 놓고 나누는 파이의 차이가 한국의 영화 직업 여건에서 너무 심하다는 것이 진실이랍니다. 스태프들은 교통비 수준의 파이를, 스타급 배우는 고액 개런티에 흥행에 성공하는 경우는 입장료 한 장당 얼마의 러닝 개런티를 파이로 나눠 갖는 구조로 그 나라의 영화가 지속적인 발전을 이룰 수 있겠습니까. 그런 여건에서 영화에 잠재적인 탁월성이 높은 그런 스태프 후보자들이 진입하려 할 것인가를 더 심각하게 고려해 보아야 한답니다."

03 | 긍정적인 내용을 담아라

스몰 토크는 긍정적인 내용을 담을수록 좋습니다. 가능한 한 긍정적인 내용을 모으는 스몰 토크가 좋습니다. 남을 비방하는 스몰 토크는 삼가야 합니다. 긍정적인 스몰 토크를 위한 케이스를 보기 위해 앞의 대화를 더 이어 갑시다.

"한국의 박 감독에 대한 히치콕 평가 이후 우리 영화판의 직업 여건은 개선의 계기가 있었으면 합니다. 파이 나눔의 시스템을 본질적으로 변화시켜 가기가 구도상 상당히 어려울 것입니다."

다른 대화 참여자가 이렇게 이야기를 전개해도 좋습니다.

"하지만 영화인들 스스로 생각을 조금만 바꾼다면, 이를 테면 러닝 개런티를 영화 제작 스태프에게도 일정하게 제공하는 그런 제작자들이 한두 명이라도 먼저 파생되면 우리의 영화판에 우수한 인적 자원들이 진입을 시도하지 않을까요? 아울러 영화 소비 동질화 경향도 시나리오의 질에 따라 달라질 수 있다는 점을 생각해서 시나리오 작가군의 과학적 양성 시스템의 구축이 우리 영화 분야의 미래를 위해서 필요하지 않을까 생각합니다."

이런 내용이라면 스몰 토크로서 좋은 평가를 받게 될 것입니다. 당신의 미래는 이런 스몰 토크로 저축된답니다. 스몰 토크 하나가 개인의 미래가치를 고양시키기도 하고 저하시키기도 한다는 점을 기억하기 바랍니다.

- 먼저 긍정적인 분위기를 교환하면서 스몰 토크를 시작하라.
- 정보를 말하기 전에 긍정적 생각부터 주고받으면서 스몰 토크를 시작하라.
- 서로의 대화를 좋게 하기 위해서는 초기에는 긍정적인 내용 교환부터 하라.

04 | 너무 많은 것을 얻으려고 하지 말라

직장에서의 대화에서 너무 욕심을 내지 말기 바랍니다. 스몰 토크는 욕심을 줄일수록 좋습니다. 그래야 부담 없이 스몰 토크를 할 수 있는 법입니다.

보스턴에 본사를 둔 ○○전자회사에서의 일입니다.
"당신들은 고객에게 이번 제품의 기술적 특징을 주지시키십시오. 저는 마케팅 본부장으로서 오직 그것 하나를 간절히 바라는 바입니다."
이 회사의 기술본부장 M이 말한답니다.

메시지를 담아서 하는 토크는 그 파워가 강해진답니다. 한마디의 대화를 하더라도 메시지를 생각하기 바랍니다. 이런 기술을 구사하면 여러분은 스몰 토크의 힘을 체험할 수 있을 것입니다. 메시지를 담기 위해서는 항상 연구해야 합니다. 새로운 어휘를 항상 접하면서 자기 개발을 하여야 한답니다. 언어생활은 변합니다. 언어생활을 통해서 여러분은 스스로 성장한답니다. 언어의 변화를 체험적으로 알아야 좋은 스몰 토커가 될 수 있습니다. 여러분의 인생 항해에서 메시지를 담는데 성공하려면 항상 신조어, 신 흐름의 언어 트렌드를 읽어 가야 한답니다.

- 욕심내지 말고 메시지를 처음부터 강조하는 스몰 토크를 하라.
- 욕심 없이 분명하게 초기부터 메시지를 강조하라.
- 메시지가 없는 스몰 토크는 맥빠진 이야기가 되기 쉽다.

05 | 감정적 언어는 적당히 활용하라

감정적 언어는 설명을 해주고, 스몰 토크에는 가능한 한 쉬운 어휘를 활용하기 바랍니다.

안개가 자욱한 바다에서의 일입니다. 덴마크의 바다는 안개로 배가 항해하기에 어려움을 겪고 있었답니다.
"자네는 영 아니야. 그 옷이 뭐야? 비즈니스에서 오늘 바이어를 만날 사람이 차림이 그게 뭐야?"

이런 멘트는 안 하는 것이 좋습니다. 서로 기분 나쁜 멘트입니다. 이런 멘트보다는 간접적으로 다른 의상을 입게 신호를 다른 사람을 통해서 보내는 것이 좋습니다. 피해야 할 스몰 토크는 상대의 인격을 조금이라도 훼손하는 멘트랍니다.
다음은 냉소적이고 공격적인 스몰 토크랍니다.

정길동의 친척 모임에서 이런 질문을 하는 경우가 있었습니다.

"창업을 했다고 하는데 그것 용돈은 됩니까?"

이런 질문을 하는 사람이 있었답니다. 참으로 무례한 질문이 아닐 수 없답니다. 이런 유의 질문은 하는 사람의 인격이 의문이 든답니다. 남의 창업을 보고 '잘되기 바랍니다. 요즘 경기는 어떻습니까?' 라고 질문하는 것도 조심해서 해야 하는데, 돈을 많이 투자해서 한 창업을 보고 용돈 운운하는 태도는 너무나 잘못된 질문인 것입니다.

이런 냉소적이고 공격적인 질문은 상대방에게 너무나 잘못하는 질문인 셈입니다. 이런 유의 질문을 받으면 점잖게 대응해야 한답니다. 이런 유의 스몰 토크를 하는 사람은 분명히 교양이 부족한 것입니다.

06 | 대화의 질을 더 높이 이끌어 가라

　대화의 질은 높여가기 바랍니다. 서로 간 그런 노력이 필요하답니다. 스몰 토크에서는 그런 태도가 필요하답니다.
　지나친 감성적인 스몰 토크는 피하기 바랍니다. 메시지는 명료하지만 논리가 부족하게 인식될 수가 있답니다. 지나친 감성적인 스몰 토크는 직선적인 사람들이 많이 활용하는 스몰 토크 패턴이랍니다. 정에 호소한답니다.
　성공 스몰 토크를 향한 키포인트를 알려면 피해야 할 스몰 토크가 있다는 점을 항상 기억하기 바랍니다.
　답습 혹은 정체감을 주는 언어 선택은 피하는 것이 좋답니다. 이런 유의 스몰 토크는 하지 말기 바랍니다. 이런 유형의 스몰 토크를 하면 그 순간부터 그 사람은 재미없는 그런 사람으로 낙인이 찍힌답니다.
　그렇게 하기 위해서는 매일 새로운 정보를 접하고 이를 활용하기 바랍니다. 새로운 정보는 새 책을 읽는 일에서 시작할 수 있답니다. 새 책에는 새로운 정보들이 존재한답니다. 그런 사람을 만나서 이야기해 보기 바랍니다. 늘 새롭다는 인식을 상대방들에게 심어주면 그 사람과 대화하기를 희망하게 될 것입니다. 사람들의 관심도 늘 변한답니다. 이런 변화를 하면서 새로운 영양분을 흡수하려고 한답니다. 이런 욕구를 충족시킬 대화 내용을 매일 개발하는 것이 필요답니다.

긍정적인 뉘앙스를 담도록 노력하기 바랍니다. 비튼 내용에 부정적인 뉘앙스를 담으면 지나치게 부정적인 이미지를 만들어낼 수 있답니다.

시니컬하게 말하지는 말기 바랍니다. 시야의 수평을 넓게 자리하면서 대화를 만들어 가기 바랍니다. 그렇게 하면 스몰 토크에 참여하는 개인들은 진부한 내용의 이야기를 하는 사람들보다 더 흥미를 갖고 대화에 참여할 수 있답니다. 인생의 고달픔, 사소한 슬픔도 다 승화하려면 약간의 비틀기 수법의 대화는 양념이 될 수도 있답니다.

07 | 부드러운 어투를 사용한다

　부드러운 어투를 통해서 이야기하기 바랍니다. 그러면 설득력이 올라간답니다. 스몰 토크로 풍자를 할 경우 명예훼손에 유의하기 바랍니다. 스몰 토크 중에 나온 이야기로 인해서 설화를 당하지 않게 유의할 필요성이 높답니다.
　한국인들은 권력을 직접 비판하는 것을 삼갔답니다. 왕의 권력이 강하던 왕조시대를 오랫동안 거치며 이런 습관은 한국인들에게 그냥 배인 것인지도 모릅니다. 그래서 봉산탈춤은 탈을 쓰고 스스로 해학과 권력에 대한 조용한 반항을 담고 있는지도 모른답니다.
　영화 〈왕의 남자〉에서도 탈춤을 통해서 당대의 권력을 비판하는 영화 줄거리가 전개된답니다. 풍자를 자주하는 말을 하는 것도 스몰 토커로서 인기를 얻는 데는 도움이 된답니다. 풍자를 할 경우에도 인품을 유지하여야 한답니다. 만약 풍자의 기법을 통해서 스몰 토크를 하더라도 남의 인격을 항상 생각하여야 한답니다. 스몰 토크를 하는 중에 풍자를 잘못해서 명예훼손의 오류를 행하는 것을 피하기 바랍니다. 스몰 토크는 그 자체로 즐거워야 하는데 부정적인 내용을 이야기함으로써 구설에 휘말리지 않는 것이 좋습니다.

- 듣는 이를 압박하는 투박한 어투로 스몰 토크는 하지 말라.
- 진실이라도 거칠게 남의 명예를 훼손하는 스몰 토크는 하지 말라.
- 침소봉대하지 말라. 작은 것을 지나치게 확대해서 말하지는 말라

08 겸손하게 말하라

스몰 토크는 겸손하게 말할수록 좋습니다. 그것을 통해서 자기 인품이 드러나기에 그렇답니다. 케이스 하나를 봅시다.

헝가리에서의 일입니다. 부다페스트에서 거리를 거닐던 시절 이야기입니다. 칭타오는 중국인으로서 이곳에서 주재한 지 3년이 된답니다.
"애인이 있습니까?"
이런 질문을 칭다오가 경력직 면접에서 받습니다. 그는 기분이 나빠집니다. 이런 질문이 자기의 프라이버시를 훼손하는 것 같기에 그렇습니다. 인격적 거리를 유지 못하는 회사의 간부가 있는 회사에 입사해야 되는지에 의문이 듭니다.

상대를 배려하여 인격적 거리를 유지하면서 스몰 토크를 하기 바랍니다. 친한 사람이라도 말을 막하면 서로 스트레스를 받게 된답니다. 이런 것을 생각해서 스몰 토크야말로 신중에 신중을 기하여야 한답니다.

좋은 이미지의 어휘 선택을 잘하기 바랍니다. 그렇게 하면 당신은 상대방에게 좋은 이미지를 만드는 스몰 토크를 하게 될 것입니다.

제 5 장

[성공을 약속하는 세부 기술]

편안하게 말하라

01 | 절제력을 갖고 말을 아껴라

생각나는 대로 다 말하는 것이 좋은 것은 아니랍니다. 말을 한마디 정도는 아끼는 것이 좋습니다. 스몰 토크는 적은 내용을 말하지만 큰 성과를 거두는 대화법이랍니다. 이것은 이메일을 통해서도 가능하답니다.

이따금씩 회사의 리더와 경영자들이 같은 회사의 직원들에게 열심히 일하신 것에 대하여 '고맙습니다' 라는 제목의 작은 이메일을 보내는 일은 직원들의 기분을 업(UP)시킬 것입니다. 이렇게 직원의 기분도 고양시키는 노력은 회사의 순이익 향상으로 나타날 것입니다. 이것이 바로 '고맙습니다' 라는 표현이 지닌 선순환 구조인 셈입니다. 좋은 직업인이 되려면 고객들에게 '고맙습니다' 를 하루에도 여러 차례 말할 수 있는 그런 태도를 보여주는 것이 필요하다고 봅니다.

- 절제력을 갖고서, 타인의 인격에 연관된 스몰 토크는 삼가라.
- 남의 인격에 흠이 되는 과장된 스몰 토크는 하지 말라.
- 남에게 상처가 되는 스몰 토크는 하지 않는 것이 좋다.

02 | 마음을 가다듬고 코로 숨쉬면서 경청하라

　가능한 한 코로 숨쉬면서 경청하기 바랍니라. 스몰 토커로서 훌륭하다는 평가를 받으려면 그렇게 하는 것이 좋습니다. 마음을 가다듬고 코로 숨쉬면서 경청하는 매너를 길러가기 바랍니다
　스몰 토크를 하면 무슨 효과를 거둘 수 있을까요? 아마도 상대방과 깊은 유대를 맺어갈 수 있을 것입니다. 스몰 토크를 통해서 인간적인 유대를 더욱 다질 수 있을 것입니다. 자기 학습력이 스몰 토크에 참여하여 말을 할수록 늘어갈 것으로 생각합니다. 스몰 토크를 하면 배우는 힘과 기술을 익히는 열매를 가져올 것입니다.
　코로 숨을 쉬면서 말한다는 것은 호흡 조절을 잘하면서 말한다는 것과 통하는 이야기랍니다. 호흡에서 코로 숨을 쉰다는 것은 좋은 습관입니다. 여유로운 습관입니다. 좋은 습관으로 스몰 토크를 하되 코로 숨을 쉬면서 인생을 바라보듯 여유를 발휘하면서 스몰 토크를 하라는 말입니다.

03 | 인내를 갖고 적정 타이밍을 기다려라

 직장에서 스몰 토크를 성공적으로 하려면 인내가 필요하답니다. 스몰 토크에서는 더욱 그렇답니다. 인내하면서 적정 타이밍을 기다려서 대화하기 바랍니다. 스몰 토크는 인내 속에서 적정 타이밍을 만날 수 있는 법이랍니다. 케이스로 들어가 봅시다.

 가나에서의 일입니다. 카사키는 이곳에 파견되어 일하는 일본 상사 주재원입니다.
 "헬로 웰컴……. 안녕하십니까, 환영합니다……."
 그는 이런 말을 하면서 회사 구내를 다닙니다. 이런 스몰 토크를 통해서 사람들을 자기편으로 만들어 간답니다. 그렇다고 해서 그가 아부성 발언을 많이 하는 그런 태도를 취하는 법은 결코 없습니다. 그는 "어젯밤 축구를 보느라고 저는 지금 컨디션이 별로입니다. 좋은 하루 되세요……." 이런 유의 스몰 토크를 하는 일에 익숙해 있습니다. 카사키는 가나에서 일한 지 벌써 2년이 지났답니다. 그는 일본인 특유의 친절미에다가 깊은 유대의 멘트를 듣는 순간 정이 깊어집니다. 시간을 갖고 인내하면서 적정 타이밍을 기다리는 태도가 필요하답니다.

스몰 토크를 통해서 유대감을 쌓아놓게 되면 직장 생활을 하는 사람에게는 유익하답니다. 비즈니스를 직접 하는 사람은 자기 사람을 만드는데 유리하답니다.
"미국 로스쿨에 대한 선생님의 견해는 무엇입니까?"
이런 질문을 받았다고 합시다. 여러분의 스몰 토크를 구사해 보기 바랍니다.

"미국은 자기 나라 자격증을 발행하여서 자기 나라와 유대감을 갖게 한답니다. 미국인, 그들은 자격증을 국제적으로 홍보합니다. 다양한 방법으로 노력을 집중한답니다. 미국 변호사 자격증을 취득하려고 많은 아시아의 젊은이들이 미국으로 몰려든답니다. 그들은 미국 자격증을 취득하려고 한국 돈으로 환산하면 일억 내지 일억 5천만 원을 들고 미국 땅에 들어온답니다. 2년 반을 잠을 적게 자고 노력을 집중한답니다. 그래서 로스쿨을 졸업하는 시기가 오면 미국 변호사 시험인 바 익제미네이션(Bar Exemination)이라는 변호사 시험을 본답니다. 이렇게 가는 과정에서 드는 돈은 미국에서 소비된답니다. 돈을 아까워하지 않는답니다. 그런 비용을 투자하고서라도 미국 변호사를 취득하려고 한답니다. 자국에 가면 그래도 다국적 기업에서 일하는데 유리하기에 그렇답니다. 기회를 만나면 자국의 로펌에서 일한답니다. 아마도 이런 아시아, 유럽 아프리카, 남미의 청년들이 미국 변호사 자격증을 위해서 미국에서 소비하는 비용만 해도 천문학적인 액수를 넘어선다고 추산한답니다.

왜 이런 현상이 발생한 것일까요? 그것은 자격증의 홍보를 국제적으로 잘한 덕분이랍니다. 미국 변호사를 가지면 국제 클레임 문제를 해결하는데 유리하다는……, 이런 믿음 같은 것을 노동 시장에 잘 투영한 덕분이랍니다. 자국 자격증의 홍보가 먹힌 결과랍니다."

04 | 포커페이스와 미소를 적절히 활용하라

　여러분은 어디에서 '국제화 시대와 자격증'에 대하여 강연을 요청받았다고 합시다. 이야기 시간은 20분입니다. 무슨 내용으로, 어떤 태도로 말하고 싶습니까. 미소를 보이면서 때로는 덤덤하게 표정을 지으면서 말하시기 바랍니다. 말의 내용을 이렇게 구성하면 어떻겠습니까?

　"요즈음 미국 회계사(AICPA) 자격증을 취득하려고 생각하는 동북아시아 청년들이 증가하고 있습니다. 특히 중국의 청년들은 미국 회계사 자격증을 취득하기 위해서 상당한 시간과 비용을 투자하는 중이라고 합니다. 이런 경향은 중국 전역에서 파급되는 중이라고 합니다. 왜 미국 회계사 자격증에 대하여 젊은이들이 증가하는 현상이 발생할까요? 그것은 여러 가지가 그 이유로 언급되기에 적절합니다. 한 가지만 말해 보기로 합시다. 그것은 다름 아닌 미국 회계사 자격증의 홍보가 국제적으로 성공하는 상황 때문이랍니다. 한국에도 공인회계사 자격증이 있지만 국제적으로 홍보가 안 되고 있습니다. 그 자격증이 취득 후에 주로 국내에서 취업을 하고자 할 때만 효용성이 크다는 믿음 때문이랍니다. 한마디로 말하면 자격증의 국제화 물결을 전혀 타지 못한 때문이랍니다. 외국에서는 한국의 공인회계사 자격 제도에 대하여 아는 나라가 많지 않습니다. 이런 상황은 한국 자격증이 국제적으로 홍보되는 환경이 너무 취약하다는 점이랍니다. 만약 한국에서 직업을 갖기를 희망하는 중국, 인도네시아 청년들에게 한국 공인회계사 자격증이 충분히 홍보되고 알려져 있다면, 이 자격증을 취득하려는 중국인 청년들이 증가할 것은 명약관화한 일이 될지도 모른답니다. 그러면 중국을 비롯한 아시아 여러 나라의 청년들이 우리나라 자격증을 취득하려고 많은 비용을 갖고 한국을 방문하려고 할 것입니다."

약간 쉰 후 다음과 같이 계속 말을 이어가시기 바랍니다.

"그렇게 되면 우리는 자격증을 통해서 외화도 벌어들이고 우리 자격증의 국제화도 만들어낼 수 있을 것입니다. 우리 자격증 제도의 국제화를 위해서 할 것들을 챙겨봅시다. 우리 한식 요리사 자격증을 국제적으로 홍보해봅시다. 유럽에서, 남미에서 우리 한식 요리사 자격증 열풍이 불어서 한국을 방문해서 이 자격증을 취득하려는 유학생들이 줄을 잇는 상황이 파생하지 말라는 법은 없습니다. 자격시험 과목을 국제적인 언어 과목과 국제 문화사 과목을 넣고 한국의 자격증 취득 후 국제 노동 시장에서 그 자격증의 효용성이 높아지는 그런 상황을 정책적으로 만들어 가봅시다. 자격증을 통해서 우리나라가 외화도 가득하고, 한국을 방문하는 외국인들을 유치하는 일석이조를 거둬 봅시다. 이를 위해서는 국제 시장에 우리나라의 비전 있는 자격증을 알리는 자격증 외교 전략이 필요하다고 봅니다."

- 포커페이스를 하면서 좋은 스몰 토크에 도전하면 서로 간에 인간적인 깊은 유대감을 만들어 낼 수 있다.
- 스몰 토크를 하면 타인의 마음에 깊이 들어갈 수 있다.

05 | 편안한 태도로 말하는 습관을 길러라

　말하는 태도가 편안하면 듣는 사람도 평화로운 분위기를 체험하게 된답니다. 말하는 태도를 편하게 유지하여 보기 바랍니다. 이야기 속으로 들어가 봅시다.

　칠레에서의 일입니다. 하노버 군은 학교에서 강의를 듣습니다. 칠레 대학에서의 국제경제학 강의입니다. 그는 강의를 들으면서 노트를 합니다. 그리고 그 노트를 다시 들여다봅니다. 국제경제학 강의를 들으면서 그는 흥미가 치솟습니다. 그는 요즈음 팀을 하나 만들었습니다. '동아시아 경제 연구팀' 이 그것입니다. 그는 전날 배운 것을 이 팀에서 다시 이야기해 본답니다. 이런 과정을 거쳐서 그는 국제경제학의 새로운 흐름을 되뇌는 작업을 진행합니다. 그는 열정적으로 스몰 토크를 한답니다.

　"한국의 삼성전자는 최근 일본 소니보다도 더 많은 이익을 내는 그런 회사로 성장을 한답니다. 이 회사는 수익 구조를 항상 산출하는 조직으로 거듭난답니다. 그것이 가능하게 된 이유가 존재한답니다. 삼성전자는 트라이앵글 구조를 만듭니다. 반도체, 디지털, 가전제품 삼각 체제를 유지합니다. 제품 생산의 3각 체제를 구축해서 반도체가 가격 등락이 되어 비즈니스에서 수익률 변화가 되면 디지털에서 그만큼 더 많은 수익 구조를 만들게 한답니다. 디지털이 시장에서 어려운 상황이 나타나면 가전에서 이익을 더 많이 산출하는 시스템을 만든 것입니다. 이런 수익 구조의 트라이앵글 구조는 이 회사가 지속적으로 수익을 일정 수준 이상이 되게 한 것입니다."

이런 스몰 토크를 그는 편안한 태도로 한답니다. 사람들은 그의 이런 태도를 좋아하고 긍정적으로 받아들이게 됩니다. 그래서 그는 동아시아 경제에 대하여 시장 현상을 잘 분석하는 역량을 갖게 된답니다. 그의 스몰 토크가 그의 학습 역량을 향상시키는데 성공하게 한답니다. 스몰 토크는 학습 능력을 향상시켜 주는 효과성을 지니고 있답니다.

좋은 스몰 토크를 해서 자기만의 생각 키우기를 하기 바랍니다. 스몰 토크를 잘하면 자기 생각이 자라난답니다. 자기 생각을 키우려면 스몰 토크를 열정적으로 해갈 필요가 있답니다.

II 객관성을 확보하다

01 | 메시지가 명확해야 파워가 실린다

　객관성이 확보된 스몰 토크가 좋답니다.
　그렇게 하기 위해서는 메시지가 명확할수록 좋답니다. 메시지를 명확하게 하면 파워가 배가 된답니다. 당신이 만약 대학교수들을 앞에 두고 대학의 개혁을 위해서 이야기할 시간이 되었다고 합시다. 10분간 주어진 시간에 무엇을 말하겠습니까? 메시지를 분명히 할수록 좋답니다. 10분이 주어진 것이라면 시간은 금방 간다는 것을 알고 스몰 토크의 내용을 정하기 바랍니다. 이를 테면 '대학생들의 기업가 정신 교육의 필요성'을 주제로 선택해서 다음과 같은 스몰 토크를 할 수 있을 것입니다.

"이제 대학에서는 학생들에게도 기업가 정신을 가르쳐야 한답니다. 학생들은 생각보다 기업가 정신을 갖고 있지 않습니다. 갖고 있더라도 구체적으로 교육을 받을 때 기업가 정신은 더욱 확고해질 수 있을 것입니다. 기업가 정신 교육을 받은 학생들이 대학가에는 적습니다. 한국의 대학생들은 기업가 정신보다는 학교에서 학점 취득, 취업을 위한 스펙을 높이기에 시간을 집중하고 있습니다. 기업가 정신이 부족한 나라는 역동성이 부족한 나라랍니다. 대기업의 고용 창출력은 갈수록 감소하는 중이랍니다. 한 조사를 보면 수년 전에는 1억 원을 투자해서 만들어내는 일자리가 6개였지만, 최근에는 디지털 시대가 되면서 1억 원을 투자해도 3개의 일자리만 만들 수 있다고 합니다. 전자 회사로 글로벌 명성을 지닌 한 회사는 고용 인원을 오히려 감소시키는 데도 매출과 순이익이 증가하는 그런 모습을 보여서 주변 사람들을 놀라게 했습니다. 이것이 요즈음 대기업의 고용 창출에 대한 일부의 모습일 수 있습니다. 그래서 중소기업을 더욱 활발히 창업하는 기풍이 생겨나야 신규 일자리 창출이 성공하는 나라가 된답니다. 이것은 이탈리아의 고용 상황에서, 미국의 일자리 창출 성공 과정에서 드러나는 중이랍니다. 이런 고용 창출의 성공 역사에서 우리는 배워야 한답니다. 유럽은 이미 초등학교에서 대학에 이르는 전 학생들에게 기업가 정신을 가르치는 것을 의무화하고 있습니다. 유럽이 일자리 창출에 한계 상황 속에서 이미 소규모의 기업을 많이 창업해서 성공하게 하는 것이 전략이 되고 있습니다. 네덜란드에서는 석사 학위를 받은 사람들은 그 논문을 갖고 엔젤 투자자들의 투자를 받아서 창업을 한답니다. 5명 정도의 직원으로 출발하지만, 이들이 기업가 정신으로 창업한 회사들은 세계적인 기술력을 지닌 회사로 성공하기도 한답니다. 기업가 정신을 교육한다는 것은 이제 한국의 미래를 위해서 간절히 필요합니다. 초등, 중등, 고등학교에서 하기 어려운 입시 구조를 갖고 있는 여건을 생각한다면, 적어도 그런 부담이 없는 대학생 시기부터 기업가 정신을 가르치는 것이 필요하지 않겠습니까? 오늘날 거의 모든 나라에 진출해서 성공한 휴렉 팩커드도 바로 기업가 정신을 교육받은 빌 휴렛과 데이비드 팩커드에 의해서 학생 시절에 창업된 회사가 아닌가 합니다.

우리나라의 젊은이들이 기업을 창업하여 운영할 역량을 정신적으로 가르치는 발상의 전환 커리큘럼의 시작이 필요하지 않을까요? 대학생들에게 기업가 정신 교육을 시키는 것, 어려운 일이기는 하답니다. 그렇지만 이것은 일자리 창출이 활발하게 전개될 나라를 만드는 데 도움이 되는 핵심적인 힘으로 작용하게 될 것이라는 점입니다."

룰리는 스몰 토크를 하는 시간에는 긴장을 한답니다. 자기가 하는 말이 타인에 의해서 비판의 대상이 되지 않을까를 항상 걱정한 것입니다. 그는 아픈 상처를 지닌 그런 사람이었습니다. 식당에 가서 음식 주문을 하는 경우, 아버지는 그의 의견을 묻지도 않고 그가 주문한 메뉴를 일방적으로 변경하는 스몰 토크를 하여서 그에게 자기주장을 못 펴게 만들어 버렸답니다. 이런 기억으로 해서 그는 자기주장을 스몰 토크를 통해서 제대로 펴지 못한답니다. 하지만 그는 훈련을 다시 했습니다. 스몰 토크를 통해서 자기주장을 제대로 펴는 훈련을 했습니다. 그리고 오랜 훈련 후 그는 자기주장을 펴는 스몰 토크를 자연스럽게 하게 되었답니다. 룰리는 이제 스몰 토크 연습을 통해서 자기 학습력이 증가했답니다. 자기 학습력을 갖고서 그는 자아를 발전시켰습니다. 룰리 같은 스몰 토크에서 아픈 상처를 가진 분들은 그 아픔을 치료해 가야 한답니다. 그리고 용기를 갖고서 사람들에게 10분, 20분, 30분짜리의 스몰 토크를 잘할 수 있어야 할 것입니다.

    스몰 토크를 열심히 하다보면 학습의 기회를 많이 갖게 된답니다. 자기 학습의 기회를 확장하려면 스몰 토크에 더욱 찬스를 늘리기 바랍니다. 좋은 스몰 토커가 되면 자기 학습의 양이 많아진답니다. 자기 학습의 질도 높아질 수 있답니다. 자기 학습력을 높이면 현대 사회에서 경쟁력이 좋은 인재로 성장할 수 있을 것입니다.

02 | 역사적 배경을 도입해 객관성을 확보하라

오도된 가치관을 주입하는 그런 스몰 토크는 결코 하지 않기 바랍니다. 긍정적이고 파워를 얻게 하는 잘 인도된 가치관을 주입하는 스몰 토크가 좋답니다. 여러분이 만약 어느 유소년 축구단에 가서 정신 교육 강의를 할 시간을 20분간 얻었다고 합시다. 무슨 이야기를 하겠습니까? 역사적 배경을 도입해서 객관성 높은 내용의 이야기를 해주기 바랍니다.

이를 테면 이런 내용으로 말입니다

"여러분 축구에서 자기의 어제의 능력을 능가하려는 열망을 품고 달리시기를 바랍니다. 박지성 선수는 연습에서 달리고 또 달린답니다. 보이지 않는 연습장에서 달린답니다. 이국 땅 영국에서 달린답니다. 비가 오는 날에도 안개가 자욱한 날에도 달린답니다. 그는 자기 직업에서 역량을 발휘하고 싶어 달린답니다. 그의 연습량은 산소 탱크라는 별명을 얻을 만큼, 아니 그 이상이랍니다. 그는 그런 맹훈련을 통해서 자기를 조련한답니다. 질주하면서 끝까지 볼에 집중합니다. 맨체스터 유나이티드 팬들은 웨인 루니 선수 다음으로 그를 좋아한다는 것입니다. 그의 근성을 알게 된 순간부터, 그의 끈질긴 어시스트를 보는 순간부터 그는 점수를 팬들로부터 얻게 된답니다. 아스날이라는 명문 팀에서의 결승골을 넣어서만이 아닙니다. 그의 집념을 본 순간 맨체스터 유나이티드 팬들은 그가 상당히 성장하는 선수임을 알게 된 것이랍니다."

약간 쉰 후 이야기를 지속하기 바랍니다.

"골을 향한 소망과 번득이는 움직임을 통해서 동료에게 찬스를 만드는 데 탁월한 재능을 발휘합니다. 무려 6개의 어시스트를 기록한답니다. 그의 이런 기록은 유럽이 낳은 발재간의 대가인 호나우두와 어시스트 동률을 기록한답니다. 그는 그렇게 팀을 위한 플레이를 합니다. 무엇이 그로 하여금 자기 역량의 한계를 극복하기 위한 도전을 하게 하였을까요? 아마도 그는 축구를 좋아하는 마음이 내재된 선수임에 분명합니다. 대표팀에서 2002년 포르투갈을 상대로 결승골을 만들어 놓고 히딩크 감독에게 어린이처럼 달려가 안기던 갓 스물하나가 지난 지 4년이 이미 지나갔습니다. 스물 중반의 선수로서 그는 아마도 한국 축구를 이제 세계에 각인시키는데 더욱 기여할 것입니다. 그는 유럽의 명감독 순위 상위에 랭크된 알렉스 퍼거슨경의 조련을 열정적으로 받을 것입니다. 그 후 그의 노하우는 그대로 한국 축구계로 유입될 것입니다. 그의 직업 정신 가치가 있는 것이 아시아인의 체력적인 한계를 과감히 뛰어넘어서 세계 최고를 향하고자 하는 도전 정신 때문입니다. 그는 달립니다. 13번, 박지성 선수는 연습에 연습을 거듭한답니다. 그의 도전의 물결이 모든 직업 분야에서 한국의 청소년들이 세계적으로 커가는 하나의 용기의 시그널이 되기를 기대한답니다. 그가 영국에 진출한 후 유럽 시장에서 한국의 전자 제품이 더 잘 팔린다는 소식은 그가 한국인이라는 점, 최선을 다할 줄 아는 그런 선수라는 점이 상승 작용하여 어우러진 간접 스포츠 마케팅이 지닌 위력이 영향을 준 것이 아닌가 하는 생각입니다. 이런 점에서 그의 감투 정신이 어린 직업 정신에 주목합니다. 그는 학습자적인 태도로 축구를 한답니다. 스몰 토크를 주고받으면서 알렉스 퍼거슨 감독은 그를 조련하는 중이랍니다. 그는 학습하는 기술을 압니다."

03 | 정확한 통계를 들며 말하라

통계를 정확하게 인용하는 스몰 토크가 좋습니다.

"스크린에서 막을 내린 한국 영화 〈태극기 휘날리며〉가 100만 관객을 넘어섰답니다."

이런 스몰 토크를 하는 사람은 신뢰를 얻지 못합니다. 여기서 1,000만 관객 돌파를 100만으로 표현하는 스몰 토크 때문입니다. 이런 것을 통계를 경시하는 데서 출발한 것입니다.

스몰 토크를 진지하게 하다 보면 얻어진 정보를 통해서 미래를 예견하는 능력을 확장하게 한답니다. 그러므로 통계는 더욱 정확하게 구사해야 합니다.

스몰 토크를 잘하면 미래를 전망하는 시야가 증가한답니다. 스몰 토크를 적정하게 해 가면서 인생 항해를 하면 세상 트랜드 파악이 보다 더 용이하게 된답니다. 여러분이 세상의 트랜드를 잘 알려면 스몰 토크의 찬스를 확장하는 노력이 긴요하답니다.

여러분이 고령자들이 모인 곳에서 30분간 말할 시간이 주어진다고 하면 무슨 주제로 말할 것인가가 고민일 것입니다. 공통 주제를 택하여야 합니다. 고령자들이 공통으로 이해할 만한 주제 말입니다. 인생 3모작이라는 주제는 어떻겠습니까?

"오늘은 인생 3모작에 대하여 이야기 한마디 할까 합니다. 농사를 일년에 같은 논에서 세 번 짓는다면 얼마나 좋을까요? 중국의 어느 지역은 수확을 세 번 합니다. 그래서 중국의 그 지역에서는 쌀이 남아돈답니다. 이것을 3모작이라고 합니다. 인생 3모작을 잘하려면 학습자이어야 한답니다. 자기의 일에서, 자기의 인생에서 학습자이기를 기대하는 것입니다.

그레이 컬러(grey colour : 일하는 고령자) 시대가 도래한답니다. 이들 일하는 고령자들은 다양한 직업군에서 나타날 것입니다. 이들 한국의 그레이 컬러들은 자녀들의 경제적인 자립은 돕지만, 이제 스스로의 힘으로 화폐 노동을 하면서 새로운 자립을 시도하게 될 것입니다. 그러므로 학습자를 스스로 지향하는 편이 좋습니다. 인구의 고령화가 이런 추세로 진전되어 가면 아마도 10년 후 한국 정부는 글레이 컬러들의 자립을 돕는 기능을 더욱 확대한 별도의 기구를 두고 이들의 자립을 도와야 할지 모릅니다.

이제 21세기 한국인들은 학창 시절의 1모작을 기반으로 최초 취업 후 정년까지의 2모작을 하고, 정년 이후에 다시 새로운 직업을 갖고 새로운 노동 시장에서 3모작을 거둘 채비를 하게 될 것입니다. 늘어난 한국인의 평균 수명 주기 속에서 이들은 아마도 남의 수발을 받는 10여 년의 수발 수명을 위해서 자기의 3모작을 향한 노력을 기울일 것입니다. 투표권을 가진 이들 그레이 컬러들의 정치적인 발언권은 강해지면서 이제 정책의 중심에 그레이 컬러들이 영향력을 끼치게 될 것입니다. 1950년대의 평균 수명 50대, 1980년 70대의 평균 수명을 지나서 이제 80대의 평균 수명 시대로 한국인의 인생은 변하는 중입니다. 그레이 컬러 시대를 위한 노동 정책을 세우는 일을 한국의 정책 당국자들은 너무 나태하게 진행하고 있습니다. 미국의 일터에서 70대가 신입 공무원 시험을 봐서 공직에 진출하고, 유럽의 60대들이 새로운 직업 기능을 익혀서 공장에 취업하는 것을 가능하게 하는 그런 시스템을 신속히 만들어 간 것은 세월의 속도를 정책 당국자들이 인식한 때문입니다. 자유는 아무런 의무감을 갖지 않고 마음대로 일하는 것을 의미하는 지도 모릅니다. 그레이 컬러들이 자기의 영역에서 자유롭게 새로운 직업에 진입할 수 있는 일자리 정책을 획기적으로 만들 시기랍니다. 그래서 팔팔하게 일하는 그레이 컬러들의 모습이 이곳저곳에서 나타나야 합니다. 그렇게 되면 한국은 이제 고령화 시대를 적절히 준비하게 된 모범 국가로 새로운 잉태를 하게 될 것입니다. 인생 3모작은 이제 하나의 중요한 라이프 스타일로 자리매김할 것입니다. 많은 노동 정책이 청년들에게 초점이 맞춰진 한국과는 달리 미국은 고령자들이 마음먹고 일하려면 언제든지 일자리 시장에 진입하는데 불편함이나 나이로 인한 차별적 상황이 없답니다. 우리 한국인들은 이제 인생 3모작을 위해서 3번째 직업 무대에 등장할 준비를 착실히 해가야 할지도 모른답니다."

이런 주제는 고령자들에게 무난히 소화될만한 내용으로 보인답니다. 성공 스몰 토크에는 주제 선택에 성공이 도사리는 중이랍니다. 좋은 스몰 토크는 개인의 자기 학습력을 고양하게 합니다. 스몰 토크를 통해서 세상을 배우는 것들이 많답니다. 스몰 토크를 하다보면 여러분은 학습자의 위치에 다다르게 될 것입니다.

- 배우는 태도를 습관화하려면 스몰 토크에 적극적으로 임하라.
- 스몰 토크에서 완벽성을 추구할수록 자기의 학습력은 증대된다.
- 스몰 토크라는 밭에 나무를 심자. 가을에 반드시 열매를 수확할 수 있다.

04 | 속도를 적절히 가감해 가라

    스몰 토크 속도를 적절히 조절하는 것이 긴요하답니다. 속도는 말을 듣는 이의 분위기, 말하는 장소의 여건을 보기 바랍니다. 속도를 조절해서 말하게 하는 것은 스스로 조절해야 할 일이랍니다.
    상대방의 말 속에는 많은 신호들이 있답니다. 그 신호들의 중심에는 의미가 존재한답니다. 스몰 토크의 지평선에도 이런 흐름은 존재한답니다. 스몰 토크는 지속하게 되면 인생에서 새로운 성취가 가능해 진답니다. 새로운 성취를 하는 기회가 넓게 보일 수 있기에 그렇습니다. 인생에서 사람들은 스몰 토크를 많이 하게 된답니다. 이런 과정을 거치면서 인간은 새로운 기회를 만난답니다. 스몰 토크를 하면서 속도를 조절해서 말하면 새로운 성취를 이룰 기회도 만날 수 있을 것입니다.
    지평선은 바다의 먼 자락을 기다리게 합니다. 바닷가의 지평선은 어디까지나 호기심을 야기하기도 합니다. 스몰 토크의 지평선은 그 자체로 호기심의 덩어리랍니다. 여러분이 미래를 향해서 항해를 하는 중에 발견한 스몰 토크 잘하는 기술은 아마도 여러분이 직면하게 되는 여러 고통들을 제대로 극복하게 만들 것입니다. 지평선을 향해서 항해를 지속하기 바랍니다. 그런 항해의 저편에서는 인생의 색다른 즐거움을 만들어낼 것입니다. 스몰 토크 자체가 인생의 길에서 다른 부류의 즐거움을 잉태하는 법입니다.

인생에서 속도를 조절해서 잘 말한다는 것은 행복에 이르는 길과 통한답니다.

05 | 남의 의견이 옳다면 선선히 수긍해라

　우리는 자기주장만 옳다는 '자기 의'에 들어가기 쉬운 존재들임을 기억하기 바랍니다. 자기 말이 다 옳을 수는 없는 것이 세상의 이치랍니다. 그래서 남의 의견이 올바르다면 그것을 선선히 수긍해서 받아들이기 바랍니다. 성공 스몰 토크의 출발은 남의 바른 말을 받아들이는 데서 출발할 수 있답니다.

　베트남에서의 일입니다. 하노이 공항은 사람들로 가득해 지는 오후랍니다. 비행기에서 사람들이 내리는 중입니다. 서희는 서서히 짐을 밀고 갑니다. 여행용 가방을 밀고 하노이 시내로 가는 중입니다.
　"하노이 대교를 우리 한국건설이 수주받고자 합니다. 공사 기간은 2008년 1월부터 2009년 3월입니다. 저희 한국건설은 NATM 공법으로 이 다리를 건설할 플랜입니다. 우리 한국건설에는 우수한 기술 인력이 존재한답니다. 건축 관련 학과를 졸업한 재원들이 3000여 명, 기능 인력은 숙련공만 해도 700여 명이 넘습니다. 우리 회사는 싱가포르 대교를 건설한 경험 등이 있답니다."

　이런 스몰 토크를 합니다. 하노이 시청에서 열린 공사 수주 프레젠테이션에 서희는 카랑카랑한 음성으로 이야기를 한답니다. 새로운 성취는 이렇게 해서 이뤄진답니다. 결국 서희의 프레젠테이션은 다른 건설 회사들의 프레젠테이션보다 더 많은 점수를 취득한 것 등이 주효해서 공사를 수주하게 된답니다. 스몰 토크는 새로운 성취를 가능하게 한 것입니다. 스몰 토크를 잘하면 서희처럼 새로운 대형 프로젝트를 자기 회사가 수주할 수 있는 것입니다.
　이야기에서처럼 남의 말을 듣고 옳다면 그 자리에서 수긍하고 받아들이는 유연성이 중요한 법입니다. 자기 말만 하기보다는 남의 의견을 경청하는 자세가 긴요한 법입니다.

제 6 장

[상황별 스몰 토크 핵심 포인트]

I 일대일 스몰 토크

01 | 눈동자를 보면서 느낌을 교환하라

　인생은 작은 대화의 모임으로 이뤄진답니다. 작은 대화가 지닌 힘은 생각한 것만큼 작지 않답니다. 사람들은 하루에도 수없이 스몰 토크를 한답니다. 그런 스몰 토크가 모여져서 인생이 이뤄진답니다. 새로운 성취를 이루려면 스몰 토크를 즐기는 편이 좋습니다. 스몰 토크의 밭에서 즐기다 보면 자기 긍정의 이미지 트레이닝에서 성공할 수 있답니다. 그것은 새로운 성취를 가능하게 한답니다.
　상대방의 눈동자를 보면서 대화를 하십시오. 그러면 서로 간의 느낌이 교환되는 현장을 만나게 된답니다. 여러분의 스몰 토크는 상대방의 폐부를 파고들 것입니다. 눈동자를 주시하세요.

그리고 그들에게 애정과 신뢰를 주시기 바랍니다. 남의 언행을 경시하지 않기 바랍니다. 누구도 존중받을 자격이 있답니다. 눈동자를 보면서 대화하기 바랍니다. 눈동자를 보는 것은 그 사람에게 집중한다는 것을 말하는 것입니다. 스몰 토크 현장에서는 서로의 눈을 놓치지 않는 것이 필요합니다. 서로 서로 집중하면서 대화하기 바랍니다. 서로의 눈높이도 맞추기 리듬을 타듯 대화하기 바랍니다. 일대일 스몰 토크는 서로 간의 눈 맞추기가 긴요하답니다.

02 | 퍼스널 존(Personal Zone)을 지켜라

스몰 토크를 잘하면 인생이 즐거워진답니다. 스몰 토크를 통해서 도전의 기회를 많이 가지면 가질수록 새로운 성취가 가능하답니다. 퍼스널 존을 지키면서 대화하는 것이 필요하답니다. 존을 지켜가면서 대화하게 되면 서로 간의 불편한 구석이 발생할 여지가 존재하지 않게 된답니다. 퍼스널 존은 인격선입니다. 서로 간의 대화에서는 이런 것이 긴요한 태도랍니다.

대화 중에 내담자가 "해외에서 일자리를 갖는 것을 어떻게 생각하는가?"라고 질문해 왔습니다. 당신이 상담자라면 어떻게 이야기하겠습니까. 시간은 5분 내지 7분 정도 있답니다.

"영일 없는 파벌 쟁투로 우리나라는 구한말을 강대국의 틈새에서 약화된 상황에서 지냈습니다. 하여 많은 동포들이 1905년대는 물론 3.1만세 운동 후인 1920년대를 전후로 하여 중국, 만주로 이주를 했답니다. 미국의 하와이로는 백여 명의 근로자들이 일하는 기회를 위해서 이주를 했지요. 사탕수수밭 농부로 일하는 것을 목표로 직업 이민을 간 것입니다. 1960년대는 독일로 가서 간호사와 탄광의 광부로, 1970년대는 베트남에 군인으로 파견되어 그곳에도 우리 민족의 씨앗들이 만들어 진답니다. 이렇게 우리 민족은 중국으로 미국으로 유럽 등지로 이산의 아픔을 경험하는 민족이 된답니다. 이스라엘 민족이 2천여 년간을 나라 없이 이산한 고통을 경험한 것에 비하면 일제 36년간의 우리 민족의 고통은 세월로 치면 그렇게 긴 것이 아니었다고 할 수도 있습니다. 하지만 이스라엘 민족에 못지않게 한국 민족은 나라 밖으로 생업을 위해서, 생존을 위해서 정치적 박해를 피해서 흩어져서 생활할 수밖에 없었던 지난 세월의 슬픔과 고통을 지닌 민족이었습니다."

여기서 약간 쉰 후 말을 이어가기 바랍니다.

"영화 〈명자, 아키꼬, 소냐〉는 한국 민족의 이산의 아픔을 그린 영화로 태어난답니다. 이 영화는 생각만큼의 흥행을 거두는 데는 성공하지 못하지만 이산가족의 아픔을 시베리아, 중앙아시아, 일본에서 경험하게 된 한 여인의 고통을 그리는 데는 일정 부분 성공하고 있습니다. 한 한국 여인이 세 가지 이름을 갖고서 일생을 보내게 되는 스토리의 영화가 우리의 심금을 자극하는 것은 바로 우리 민족의 역사적인 아픔을 한 여인이 러시아, 일본, 한국을 오가면서 살아온 세월을 반추하는 스토리에서 찾을 수 있는 지도 모른답니다. 이들은 일자리를 찾아서 타국을 방황한답니다. 우리는 일자리를 찾아서 해외 취업을 한 민족적인 경험이 존재하는 민족입니다. 해외 취업은 당연한 하나의 흐름이라는 생각입니다. 이제 광복 이후 60년의 세월이 흘렀습니다. 그동안 먹을 것이 없어서 많은 한국 아이들이 외국으로 입양을 보내야 했습니다. 6.25의 상흔을 통해서 자기의 의사에 반해서 외국으로 흩어지게 된 우리 핏줄의 어린이들도 많았습니다. 그들이 다시 조국으로 들어오고 싶어 한답니다. 해외 동포청은 그래서 우리의 지난 역사의 얽히고 얽힌 문제들을 푸는 기구로서 역할이 주어질 수 있습니다. 이들 외국으로 간 해외 동포 2세들은 미국, 중국, 다른 나라들에서 한국으로 돌아옵니다. 학업을 한국에서 하고 싶어 하기도 하고, 국내의 취업 비자를 받아서 국내에서 일하고 싶어 한답니다. 2세, 3세의 해외 동포 자손들도 한국으로 와서 무엇인가를 하고 싶어 한답니다. 하지만 이들이 무엇인가를 하려고 하면 이들을 행정적으로 돕는 역할들이 행정부의 여러 부처에 분산되어 있습니다. 그렇게 해외 동포 2세로서 한국에서 취업하기가 힘든 줄 몰랐습니다. 행정부처의 어디 한 곳에 가면 이런 서비스를 논스톱으로 다 도움 받을 수 있는 기관이 한 곳에 모아졌으면 한답니다. 그런 측면에서 해외 취업을 자연스럽게 받아들이는 게 좋다고 봅니다."

03 | 상대의 장점을 찾아서 말하라

상대의 장점을 잘 찾는 것은 가치가 높습니다. 상대의 장점은 그것이 그 사람을 기분 좋게 한답니다. 상대의 장점을 찾아서 말해주는 스몰 토커는 이미 성공하는 스몰 토크를 하고 있는 존재랍니다.

상대의 장점을 파악하고 그것을 말해 주는 습관을 간직하기 바랍니다. 상대의 장점은 찾으면 발견됩니다. 상대의 부족한 점을 찾아서 말하는 습관을 지닌 분은 모방하지 마시기 바랍니다. 스몰 토크 성공 법칙에는 상대의 장점을 과장하여 말하지 말고 있는 그대로 표현해 주는 매너에서 도출된다는 점을 기억하기 바랍니다. 상대의 장점은 표현하면 상대가 자기를 칭찬하는 말을 하게 한답니다. 아무리 상대가 가지고 있는 장점이 작게 보여도 그것은 말해 주는 순간 서로를 기분 좋게 만듭니다. 상대에 의해 언급된 장점이 그 사람을 다시 용기백배한 존재로 부활시켜 가는 데 촉매제가 된다는 점을 기억하기 바랍니다. 일대일 만남에서는 상대의 장점을 말해 주는 것이야말로 서로를 기분 좋게 합니다. 인간은 그 사람이 하는 일이 무엇이든 수평적인 존재라는 생각을 하면서 대화하고 장점을 말해 주기 바랍니다. 그렇게 하면 둘의 관계는 협력자가 되는데 도움이 될 것입니다. 스몰 토크 파워는 이런 데서 나타나기 쉽답니다.

04 │ 상대방의 진가를 먼저 알아보기 위해 노력하라

　상대방의 진정한 가치는 일대일 만남에서 시작되는 대화를 통해서 알 수도 있답니다. 일대일 만남에서 상대방의 진정한 가치를 믿을 수 있답니다. 상대방의 진가를 알아보는 시간이 바로 일대일 스몰 토크의 현장임을 기억하기 바랍니다. 일대일 대화를 통해서 상대방에 구체적인 질문을 해가는 것은 좋은 열매를 거둘 수 있답니다. 그래서 영국인들은 서로 만나면 구체적인 질문을 하는 습관을 발휘하곤 한답니다.

　"앞으로 인구 구조가 변하면 어떠한 현상이 나타날까요?
　"이제 우리나라 대학들은 인구 구조의 변화에 큰 영향을 받게 되어 있습니다. 2004년 한국 여성 가임 여성당 출산율이 1.16명에서 2005년 기준으로 리서치해서 보니 1.08명으로 감소한 것으로 나타납니다.

이런 추세는 더욱 심화될 것입니다. 그래서 이제 10년이 지나면 아마도 한국의 초등학교 학생들의 숫자, 중고교, 대학의 입학 정원이 현저하게 줄 것입니다. 그렇다면 한국의 학교들은 초등, 중등, 고등학교에서부터 외국인 학생들을 일정 부분 받아들여서 가르쳐야 합니다."

이런 식으로 답변하면 그 사람에게 신뢰를 부여하는 과정으로 갈 수도 있을 것입니다. 상대의 진짜 역량을 파악하는 데는 일대일 스몰 토크만큼 좋은 기회도 드물 것입니다.

05 | 자신을 낮추며 겸양의 태도를 견지하라

후지와라 마사히코가 지은 《국가의 품격》을 보면 이런 저자의 이야기가 맨 앞부분에 나옵니다. 그의 스몰 토크 한편을 보면 "아내의 이야기를 빌리자면 내 의견의 반은 오류와 착각, 나머지 반은 과장과 허풍이라고 합니다. 나는 그렇게 생각하지 않지만……." 이라면서 이야기를 설득력 있게 풀어갑니다. 경쟁 중심의 사회가 가져올 적폐, 일본이 5~15세기엔 유럽이나 미국보다 우수한 전통을 지닌 국가라는 점을 조목조목 이야기하는 점이 인상적인 책입니다. 후지와라 마사히코는 이렇게 자신을 낮추면서 겸양의 태도를 갖고 서구 문화, 자본주의의 모순을 파헤치는 것입니다. 그래서 더욱 설득력이 크게 들립니다.

스몰 토크에서는 자기주장이 절대적으로 좋다고 시작하면 성공하기 어렵습니다. 자기주장에 문제가 존재할 수 있다고 하면서 이야기를 시작해야 상대의 마음의 문을 열고 들어갈 수 있는 법입니다. 이런 곳에 스몰 토크의 지혜가 존재한답니다.

Ⅱ 조별 스몰 토크

01 | 핵심 메시지는 처음부터 강조하라

조별로 진행되는 스몰 토크에서는 핵심을 처음부터 강조하는 것이 성공하는 법이랍니다. 핵심 메시지를 액기스로 넣어서 말하는 것을 그것으로 가치를 만든답니다.

만남에서 "왜 해외 동포청이 필요한가?"라는 질문을 받았다고 합시다. 당신은 이렇게 응수할 수 있을 것입니다.

"우리 민족의 국가 능력을 이제 영토적 개념, 속지주의적인 개념에서 속인주의적인 개념으로 확장하여 운영하는데도 해외 동포들의 영사적 업무, 직업적인 업무, 친부모 찾기 업무들이 다뤄질 수 있는 해외 동포청의 설치야말로 한국 정부가 진지하게 지금의 시점에서 검토할 콘텐츠가 아닌가 싶습니다."

  핵심적인 스몰 토크랍니다. 스몰 토크를 통해서 핵심을 말하면 시간도 절약이 된답니다. 비즈니스는 초를 다투는 과정이랍니다. 이런 과정에서 스몰 토크를 잘하면 그 비즈니스맨은 성공하는 것이랍니다. 성공은 스몰 토크와 함께 온다는 것을 기억하기 바랍니다. 성공하는 스몰 토크를 위해서는 핵심 메시지를 처음부터 강조하는 것이 필요하답니다.

02 | 다른 사람들이 질문할 여유를 제공하라

    집단 만남에서 다른 사람들이 말할 기회를 제공하는 것은 의미가 있답니다. 집단 만남에서 스몰 토크에 성공하는 것은 참가자 다수에게 질문할 여유를 주는 데서 시작이 가능한 법이랍니다. 인생에서 집단 만남의 기회는 많습니다. 이런 만남에서 스몰 토크에 성공하고 싶으면 다른 사람들에게도 질문할 여유를 많이 주는 것이 좋습니다. 질문할 여유를 줌으로써 다른 사람들이 부담 없이 스몰 토크에 참여하는 수확을 얻게 될 것입니다. 스몰 토크는 원맨쇼가 되어서는 안 됩니다. 여러 사람이 자유롭게 대화할 공간이 바로 스몰 토크에서 보장되어야 할 것입니다.
    인생에서 스몰 토크를 즐기면 새로운 성취에 더 다가갈 수 있는 찬스를 만날 수 있습니다. 스몰 토크로 문제를 풀면 새 열매를 수확할 수 있는 혜안을 가질 수 있습니다. 그러면 다양한 상품이 기다리는 항구들에 도착할 수 있습니다. 타인의 질문을 기다리십시오. 자기 이야기만 하지는 말기 바랍니다. 타인에게도 스몰 토크를 할 찬스를 다양하게 주는 습관을 생활화하기 바랍니다.

03 | 결론을 요약해 주지시키며 마무리한다

    스몰 토크에서 성공하려면 결론을 요약해 주는 것이 필요하답니다. 집단 만남에서는 더욱 결론 요약이 긴요한 법이랍니다. 결론을 요약하면서 주지시키는 그런 중간 과정을 만들어 가는 스몰 토커는 성공적인 열매를 거두는 것이랍니다.
    결론을 요약하는 방법은 다음과 같습니다.

    첫째, 간결하게 요약하기 바랍니다.
    둘째, 쉽게 요약하기 바랍니다.
    셋째, 주제에 맞게 요약하기 바랍니다.

III 다수 청중을 향한 스몰 토크

01 스몰 토크로 스트레스를 푼다

다수 청중 앞에서 스몰 토크는 개인 간에 하는 스몰 토크와는 달리 해야 한답니다. 그것은 대중이 듣는 것이므로 그렇답니다. 스트레스를 푼다는 생각으로 스몰 토크를 하는 것도 한 방법입니다.

이탈리아 피렌체에서의 일입니다. 가랑비가 내리는 봄날이었습니다. 리히는 거리를 걸어갑니다. 그는 상사로부터 스트레스를 받습니다. 오늘 오전 중에 그는 무역 서류를 제대로 만들어내지 못한 것을 비판받습니다. 그는 스트레스를 풀려고 친구를 만납니다.

"상사란 원래 그런 거야. 세월이 가면 너도 상사가 될 것이다. 참아

라. 그리고 노래방에 가서 노래라도 부르자."
 이런 위로의 스몰 토크를 리히의 친한 벗 바그너가 합니다. 그는 리히에게 이런 말을 하면서 미소를 짓습니다. 바람은 거리를 돌아서 시원스레 불어옵니다.
 "네가 상사가 되면 부하 직원들에게 스트레스를 안 주기 위해서 노력을 잘 할 것으로 믿는다."
 이런 말을 바그너는 건넵니다. 이런저런 스몰 토크를 하면서 리히의 마음을 달래는 중입니다. 작은 대화는 리히의 스트레스를 치유하는 중이랍니다. 스몰 토크는 스트레스를 이기는 힘을 지닌 존재인지도 모릅니다.

 스몰 토크를 잘하면 스트레스를 잘 이겨낼 수 있답니다. 스몰 토크를 통해서 개인은 스트레스가 극복될 수 있습니다. 그래서 균형적인 생각을 많이 갖고 난관을 보다 잘 극복할 수 있답니다. 작은 대화를 잘하면 난관의 본질을 탁월하게 파악할 수 있답니다. 이런 과정을 거쳐서 당신은 보다 더 적기에 난관을 다룰 힘을 얻게 될 것입니다. 스몰 토크 중에 지혜가 존재하기에 그렇습니다.

02 | 상상을 도입해 청중의 공감 수준을 끌어올린다

　다수 앞에서 이야기하는 순간에는 상상을 도입하기 바랍니다. 그렇게 스몰 토크를 하면 청중의 공감을 불러일으키는 대화를 할 수 있습니다. 감정의 탕진은 절제하면서 상상을 도입해서 스몰 토크를 하기 바랍니다. 그렇게 되면 공감 수준을 올리는 대화를 할 수 있을 것입니다.
　상상을 도입하는 것을 습성화하기 바랍니다. 상상을 도입해서 이야기하면 공감대는 넓어질 것입니다. 청중을 생각하면서 상상을 도입하기 바랍니다. 이 경우 말을 하는 방향이나 내용 설정에서는 절제가 필요하다는 것을 기억하기 바랍니다. 상상을 동원해도 한계를 분명히 밝히면서 대화하기 바랍니다. 지나친 상상은 상대를 곤혹스럽게 하는 대화의 소재로 자아를 발전시킬 수 있다는 점을 생각하면서 스몰 토크를 하기 바랍니다. 그렇게 되면 말하는 화자(話者)의 품격을 유지하면서도 상상력이 풍부한 대화를 진행할 수 있답니다.

03 | 세부 설명 전에 세심한 주의를 한다

　스몰 토크의 주제는 어떻게 정하는 것이 좋겠습니까? 세부 설명 전에 세심한 주의를 하는 것이 좋습니다. 세부 설명을 하면서 대중을 상대로 이야기하는 경우는, 그 스몰 토크의 주제가 다른 부처의 업무 영역을 침해하는 과정으로 발전할 수 있다는 점도 고려해서 대화를 하기 바랍니다.
　세부 설명 전에 세심하게 주제를 검토하기 바랍니다. 주제로 삼기에 부적합한 내용은 애초부터 선택하지 않기를 바랍니다. 그런 주제는 논의를 한 후에도 더러는 후유증을 남기기도 한답니다. 물론 후유증을 걱정한 나머지 할말은 못하는 그런 존재는 되지 마시기 바랍니다. 후유증이 보이는데 불필요한 스몰 토크를 하는 것은 절제함이 더 유익하답니다.
　자세한 설명이 필요하면 세부적인 이야기를 해주기 바랍니다. 절제는 필요하지만 너무 요약하면 의미 전달에 오해가 생길 수도 있음을 유의하기 바랍니다.

04 | 이야기 확장 시 논리를 세우라

 이야기 확장 시 무슨 기준으로 할 것인가가 궁금할 것입니다. 이 경우는 순간의 논리를 활용하라고 말하고 싶습니다. 인구의 변화에 대하여 청중에게 20분간 스몰 토크를 할 시간이 여러분에게 주어진 과제라고 합시다. 무엇을 말할 것입니까.
 이 경우는 내용을 정교하게 다듬는 노력이 먼저 선행되는 것이 바람직하답니다. 인구론에 대하여 말하는 시간이 20분간 주어진 경우, 이런 내용으로 말할 것은 구성해서 이야기를 전개하는 것도 하나의 방법이 될 것입니다.

 "맬더스는 인구론을 집필한 이후에 유명해졌답니다. 인구는 기하급수적으로 늘지만 식량은 산술급수적으로 증가함에 그쳐서 인류는 식량 부족 현상에 시달릴 것이라는 이론 때문만은 아니었답니다. 인구 문제를 별 의식 없이 다루던 당시의 정책 입안가들에게 새로운 생각

스펙트럼을 만들어 제공한 접근 방식으로 《인구론》이 각광을 받은 것이라고 생각합니다. 인구 문제는 이제 지구촌의 화두가 되는 중입니다. 인구가 어느 정도는 증가해야 자동차 산업이 활성화된답니다. 출산율이 너무 낮으면 초등학교 교사가 유망 직업에서 점차 멀어진답니다."

이와같이 이야기를 확장할 때는 논리를 세우기 바랍니다.

05 | 마음을 담아서 말한다

마음속에서 답을 찾듯이 말하는 것은 스몰 토커로서 성공하는 방법입니다. 그 분은 답을 구하기 위해서 고민하는 듯한 태도를 보이면서 말한답니다. 그래서 신중하게 들린답니다. 이런 평가를 받게 되는 사람은 스몰 토크 성공 법칙을 인식한 사람입니다.

마음을 담아서 이야기하는 방법은 무엇인가요?

하나, 자기 생각임을 밝히기 바랍니다.
둘, 이 말을 하기 전에 마음으로 고민한 과정도 말하기 바랍니다.
셋, 듣기 쉽게 말하기 바랍니다.

06 | 여러 속도를 혼용한다

　천천히 말하기도 하고 중간 속도로도 해보시기 바랍니다. 아주 신속히 말해 보기도 하시기 바랍니다. 스몰 토커는 같은 자리에서 이런 세 가지 속도로 말해 보는 것도 좋다고 봅니다. 여러 속도를 혼용해서 말하는 스몰 토커는 스몰 토크 성공 법칙을 이미 행하는 인재랍니다.
　스몰 토크는 수준 있는 콘텐츠로 진행하는 것이 좋은 방법인지도 모른답니다. 대화 참여자 C가 이런 내용으로 스몰 토크를 하는 것이 어떨까 생각한답니다.
　주제를 블루칼라의 전망으로 정했다면 이런 내용 구성으로 서두에는 천천히 말하다가 중반에는 속도를 심하게 내고, 후반에는 속도를 약간 중간 정도로 말하는 것도 설득력을 올리려는 스몰 토커들이 구사할 테크닉이라는 생각이 듭니다.

천천히 이야기할 부분---"숙련된 블루칼라의 전성시대가 등장한답니다. 작은 규모의 청년 인구 층에서 기능 인력이 되려는 한국인들이 줄어들다 보니 숙련 기능 인력을 금값으로 스카우트하려는 선박과 자동차 회사 등이 많아질 것입니다."

이런 대화는 너무 확정적인 어투로 하는 것보다는 약간은 부드러운 표현이 좋습니다. 스몰 토크는 그 자체로 부드러운 분위기에서 재미를 체험할 수 있기 때문입니다. 그것이 스트레스로 작용하면 안 된답니다. 스몰 토크는 그래서 부드러운 어투로 상대방에 전달되도록 하기 바랍니다. 부드러운 분위기에서 스몰 토크를 하면 참여자들이 즐겁습니다. 이런 점을 생각해서 스몰 토크를 하기 바랍니다.

속도를 아주 신속히 이야기할 부분---"블루칼라는 이제 희귀한 인재가 될 것입니다. 특히 젊은이들 블루칼라는 찾아보기 어려울 지도 모릅니다."

속도를 중간으로 다시 조정할 부분---"그래서 저는 블루칼라 전성시대가 온다는 말을 하고 싶습니다. 마지막으로 제조하는 현장에서 품질의 수준을 올리는 사람이 바로 블루칼라가 될 것입니다. 인적 자원이 구하기 힘들어지므로 화이트칼라보다 더 고가의 임금으로 스카우트되는 그런 시대가 도래하게 된다는 점을 기억하기 바랍니다.

Ⅳ 낯선 사람과의 스몰 토크

01 | 흥미로운 문제를 선택한다

낯선 사람과 대화를 하는 시간에는 주제를 정하기가 어려운 경우도 존재한답니다. 흥미로운 문제를 주제로 선택해서 대화를 시작하는 스몰 토커가 되어 보시기 바랍니다. 흥미로운 문제를 택하면 낯선 사람과의 대화에서 진도를 용이하게 나갈 수 있답니다. 어려운 문제도 쉽게 말하는 것, 그것이 낯선 사람과 대화하는 방법이 될 것입니다.

낯선 사람이 박사학위를 받는 것에 흥미를 느끼는 중이라는 것을 알았다고 합시다. 낯선 사람과 대화를 한다면 이렇게 내용을 구성하는 것이 좋습니다.

"최근 우리나라에서 박사학위를 받으려고 응시한 수험생이 모 대학은 2대 1, 모 대학은 1.5대 1 정도의 수준을 유지하는 중이랍니다. 이렇게 되면 대학원 모집 정원에 못 미치는 대학원이 인구 감소로 아마도 5년 이내에는 훨씬 증가할 것입니다. 박사들이 갈 곳이 마땅하지 않아서 취업하기 힘들지만……, 박사를 취득하면 국가적으로 개인적으로 일할 자리를 만드는 것은 시간문제인지도 모릅니다. 하지만 앞으로는 그런 상황도 쉽게 오지 않는다고 할 수도 있답니다. 이 점을 기억하면서 박사학위 과정을 생각하는 것이 좋을 것으로 생각합니다."

02 | 화두(話頭) 시작 전 상대의 인식 수준을 탐색한다

　이야기 시작 전에 낯선 사람과 만나서 스몰 토크를 잘하려면 어떻게 해야 할까요. 먼저 대화 전에 상대의 인식 수준을 탐색하는 과정을 거치는 것이 도움이 된답니다. 소비 경향에 대하여 말을 시작하고 싶습니다. 그러면 상대의 소비 경향에 대한 인식 정도를 이런 내용으로 스몰 토크를 유도함으로써 알아보는 것도 하나의 방법이 될 수 있을 것입니다.

　"소비 경향은 인구에 상당한 영향을 받기도 한답니다. 인구의 감소는 자동차 산업의 저조 현상을 가져올 개연성이 높습니다. 젊은 인구가 준다는 것은 자동차의 신규 수요가 대폭 감소한다는 것을 의미합니다. 미국의 경우를 보십시오. 자동차 산업이 매출 증가, 순익 증가 추세를 보이던 시절이 바로 미국 내의 출산율이 높아지던 1950년대 이후

시기였습니다. 인구의 감소 현상은 소비재, 이동통신 산업에서의 괜찮은 일자리를 현저히 감소시킬 것입니다. 노인 복지 전문가들의 일터, 예방의학 교수의 일자리는 이제 전망성을 더욱 높이게 될 것입니다. 이런 흐름 속에서 정부는 보다 탄력적인 노동 정책을 세워가야 한답니다. 기능 인력에 젊은이들이 자연스럽게 진출하는 새로운 흐름이 나타나게 정책 유도를 해 갈 필요가 있답니다. 매년 인구 변화에 의한 직업 시장 영향력을 분석해서 알려줄 가치가 있답니다. 인구 변화가 정치 시스템과 경제 시스템을 본원적으로 바꿀 것으로 전망한답니다. 그의 위대성은 인구 변수가 지구촌의 생활 터전의 환경에 크나큰 변화를 초래할 것이므로 정책적인 대비를 하자는 그의 메시지에 있다고 봅니다. 인구 출산율은 이제 국가의 직업 시장에도 직접적인 영향력을 주게 되는 시대에 한국이 직면하고 있답니다."

03 | 정서를 자극하는 내용을 가미한다

　정서를 자극하는 내용을 가미하는 말을 하는 것이 좋습니다. 서정성으로 말하는 것입니다. 스몰 토크에 성공하려면 서정성을 가미하는 것이 좋답니다. 논리만으로는 넘지 못할 부분이 존재한답니다.
　항상 논리를 찾는 말을 한답니다. 이렇게 하면 사람들은 그 사람의 진정성에 대한 의문을 가질 수도 있답니다. 지나친 논리를 삼가는 것이 스몰 토크에서는 딱딱한 분위기를 바꿔갈 수 있는 것입니다. 서정성을 혼합하면 대중을 상대로 한 스몰 토크에서 보다 큰 반향을 만들어 내는데 유리하답니다.
　감정을 조화롭게 표현하는 연습을 하기 바랍니다. 감정이 아름답게 승화된 스몰 토크는 감동을 일으킨답니다.

제 7 장

[스몰 토크의 함정]

스몰토크
성공법칙

01 | 지나친 논리의 비약을 하지 말라

　상대의 취약점을 리얼하게 언급하지 않기를 바랍니다. 스몰 토크에서 그렇게 하면 그것은 상대에 대한 예의가 아니랍니다. 특히 논리의 비약을 하면서까지 그렇게 하지는 말기 바랍니다
　논리 비약을 하면 듣는 이의 신뢰성이 약화될 것입니다. 스몰 토크는 이런 함정을 지닌 것을 인식하고 함이 좋습니다. 논리 비약을 하지 않는 것이 필요하답니다.
　스몰 토크라고 해서 그냥 흰소리만 해서는 인생에서 효과성이 작답니다. 그냥 지나가는 날씨 이야기를 한마디 하지만, 메시지를 담는 말을 하면, 말은 효용성을 가지는 경우 본인에게 유익하기에 그렇습니다. 그렇다고 해서 모든 스몰 토크에 메시지를 담는다는 자의식으로 스트레스를 받을 필요는 없답니다. 스몰 토크는 그 자체로 쉽게 하고, 가볍게 하고, 어렵지 않게 부담 없이 하기 바랍니다. 스몰 토크를 잘하면 당신은 성공하는 인생을 만들

어 갈 수 있답니다. 스몰 토크는 그냥 인사치레 정도의 말로 생각하고 하십시오. 휜소리로 하는 것도 보다 바람직하답니다.

"귀하의 칼럼을 잘 읽었습니다. 인상적이었답니다."

이렇게 해보기 바랍니다. 그러면 당신은 보다 더 그 사람과 감정을 교환하기에 용이하답니다.

스트레스는 스몰 토크 중에 현저히 감소시킬 수 있습니다. 스몰 토크로 당신의 고통을 표출해 가기 바랍니다. 스몰 토크를 즐기면 당신은 스트레스의 본질과 투쟁해서 승리할 수 있답니다.

02 | 개인의 수입 구조를 구체적으로 묻지 말라

처음 만나서 대화 중에 "당신의 소득은?" 이렇게 묻는 사람들이 있습니다.

이런 질문은 안 좋은 질문이며, 그리고 그것은 프라이버시랍니다. 개인마다 소득 수준은 차이가 난답니다. 하지만 그것은 질문의 대상이 아니랍니다. 소득 수준으로 그 사람의 모든 가치를 평가해서는 안 된답니다. 수입 구조를 묻는 것도 바람직하지 못한 대화 방식이랍니다. 수입 구조를 꼬치꼬치 질문하는 것은 좋은 방법이 아니랍니다. 수입 구조를 캐묻지 말고 대화를 이어가기 바랍니다. 남의 수입 구조를 자세히 묻는 것은 스몰 토크에서 성공하기 어려운 태도랍니다.

03 | 남의 허물을 이야기하느라 시간 낭비를 말라

　스몰 토크에서 남의 허물을 이야기하는 경우가 많습니다. 하지만 그것은 그렇게 바람직하지 못한 태도랍니다. 남의 허물을 말하느라고 시간 낭비를 하지 않기를 바랍니다. 남의 허물보다는 현안 문제를 말하거나 발전적인 의견들을 말하는 시간을 늘려가기 바랍니다. 좋은 스몰 토크는 남의 허물을 말하지 않는 토크랍니다.
　네거티브 스몰 토크는 성공적인 열매를 가져오기 어렵답니다.

04 | 열광 모드에 지나치게 젖어 들지 말라

　스몰 토크에서 지나치게 열광 모드에 들어가지 않기를 바랍니다. 열광 모드에 들어가면 그것으로 상당히 균형 감각을 지키기 어려워진답니다. 열광 모드에 지나치게 들어가는 것에 경계심을 보여야 합니다.
　수영복 심사 없이 미인을 뽑는 나라들이 있답니다. 그 나라 중의 한 나라가 바로 체첸이랍니다. 이슬람의 영향을 받은 것입니다. 이런 체첸의 전통은 그들의 고유문화 전통을 지키기 위함이랍니다. 이들은 체첸 상식 테스트, 체첸 전통 음식 만들기, 체첸 전통 복장 테스트만으로 미인을 뽑는답니다. 참으로 특이한 일이 아닐 수 없답니다. 이들이 이런 방식으로 미인을 선발하는 것은 그들의 자유랍니다.
　2006년에 미인에 선발된 15세의 여고생인 '자브라일로바'가 미스 체첸이 된답니다. 수영복 심사 없이 미스 체첸이 된 그녀는 스몰 토크를 한답니다.

"나를 지금까지 키워 주신 엄마에게 고마움을 표합니다."

이 한마디가 엄마의 마음을 즐겁게 만들어 주었을 것입니다. 열광 모드가 아닌 적당한 스몰 토크는 인생을 즐겁게 만든답니다. 그녀는 이런 과정을 거쳐서 체첸의 미인으로 선발된답니다. 이슬람의 전통은 말도 절제를 해서 한답니다. 스몰 토크는 작은 이야기이지만 사람의 마음을 사로잡는 그런 파워를 지니는 경우도 많답니다. 적당한 스몰 토크는 인생을 즐겁게 해준답니다.
　균형미를 발휘하는 것이 긴요하답니다. 이 점을 생각해서 열광 모드에 들어가지 않기를 바랍니다.

05 | 냉소적이고 공격적인 언행을 자제하라

　대화를 하되 냉소적으로 하는 분들이 있습니다. 이런 분들은 스몰 토크 함정으로 자기를 운전하여 가는 것과 같습니다. 이런 사람들을 항상 유의해서 상대하기 바랍니다. 자기는 냉소적이고 공격적인 언행을 하지 않게 유의하기 바랍니다.
　적당한 스몰 토크는 인생에서 긴장을 풀어준답니다. 스몰 토크를 적당하게 하면 표정이 밝아진답니다. 이런 저런 과정을 거쳐서 스몰 토크는 재미를 만들어 줄 것입니다. 적절한 스몰 토크는 흥미를 유발하게 할 것입니다. 인생을 재미나게 만들어 가려면 적절한 스몰 토크를 구사하기 바랍니다.
　지나친 공격이 담긴 스몰 토크는 목적을 이루기 어렵게 한답니다.

06 | 마음을 담으면 제대로 전달되는 스몰 토크가 된다

　마음을 담기 바랍니다. 마음으로 모든 것을 해나가기 바랍니다. 스몰 토크도 마찬가지랍니다. 논리가 부족해도 마음이 합쳐지면 제대로 의미가 전달될 수 있는 것입니다.
　수수께끼 하나 "권투 선수 제일 많은 나라는?" 그야 "칠레이지. 칠래 말래이니까." 이런 대화의 시작은 분위기를 누그러뜨린답니다.
　기분 좋은 주제를 꺼내기 바랍니다. 기분 좋은 주제를 내서 그것을 통해서 서로 간에 기분이 고조되도록 할 가치가 있습니다. 스몰 토크에서 좋은 주제를 선택하는 것은 스피치를 하는 사람의 자유랍니다. 그러므로 스몰 토크를 하는 사람은 소재를 풍부하게 하면서 마음을 담아야 하는 것입니다.

07 | 적당히 얻으라

　성공 스몰 토크에서는 많이 얻으려고 하지 말기 바랍니다. 한꺼번에 많이 얻으려고 하다가는 오버 토크가 나오기도 한답니다. 이 점을 기억해서 스몰 토크를 하기 바랍니다. 적당히 얻기 위해서 노력하기 바랍니다.
　스몰 토크를 통해서 무엇인가 많은 것을 얻으려고 하지는 말기 바랍니다. 적당히 얻으려고 노력해야 한답니다. 적당히 얻으려고 노력을 해야 만이 기분이 좋아진답니다. 적당히 얻고 분위기를 긍정적인 방향으로 만든 다음에 스몰 토크가 아닌 롱 토크를 통해서 뭔가를 제시하려는, 더 큰 것을 얻으려는 노력을 해가야 한답니다. 스몰 토크는 그것이 지닌 한계로 인해서 뭔가를 더 많이 얻으려고 하면 할수록 적게 얻을 수밖에 없습니다. 이 점을 항상 생각해야 한답니다.

08 | 과도하게 자기의 지적 수준만을 드러내려고 하지 말라

    과도하게 지적 수준만을 드러내려는 말은 상대에게 불쾌감과 거리감을 주는 것입니다. 과도하게 지적 수준을 드러내면 사람들이 거리를 두고 스몰 토크를 하려고 할 것입니다. 이 점을 생각해서 스몰 토크를 통해서 자기가 진정으로 기분 좋아지고 싶다면, 상대를 배려하고 적은 분량만 지적 수준을 내서 상대를 기분 좋게 해주기 바랍니다. 수준을 과도하게 충분히 드러내야 하는 스몰 토크의 자리가 있긴 하답니다. 스몰 토크를 하고 나서 기분이 성숙되는 기회를 만날 수 있게 될 것입니다.
    잘난 체하는 스몰 토크는 미움을 불러일으키기도 한답니다.

09 | 지위를 남용하거나 지위에 위축되지 말라

　스몰 토크 중에 지위로 남을 억누르려는 방식의 대화를 구사하는 사람들이 있답니다. 자기가 그래서 대화를 거의 주도하고 참여한 다른 사람들에게는 발언 기회를 주지 않으려는 그런 태도를 보이는 사람이 있습니다. 이는 뭔가를 잘못하는 그런 태도랍니다. 스몰 토크 현장에서는 많이 참여할 기회를 타인에게 제공하는 매너가 항상 필요한 법이랍니다. 그렇게 하면 그는 좋은 리더가 아닙니다. 스몰 토크에 성공하고 싶다면 스몰 토크로 자기 지위를 지나치게 드러내서 억누르려고 할 것입니다. 이런 방식의 대화는 상대에게 인격적인 모멸감을 줄 것이랍니다.
　지위를 남용하여 지위로 남을 누르려는 스몰 토크는 결코 좋은 열매를 거두기 힘들지도 모릅니다.

10 | 왜곡시키는 화법은 별로 바람직하지 않다

현상을 왜곡하여 표현하려는 스몰 토커들이 있습니다. 이런 태도는 그렇게 바람직한 태도라고 보기 어렵습니다. 왜곡하는 화법을 가능한 한 습관 들이지 않게 되기를 바랍니다. 이런 사람은 직장에도, 가정에도, 세상에도 있습니다. 이들은 자기만을 중심에 세우려는 사람인 것입니다.

한 사람이 대화 중에 이런 질문을 한답니다.

"한국에서 미래의 동력 산업은? 당신의 견해를 듣고 싶소."

이런 질문은 품격이 깃든 질문입니다. 이런 질문을 받으면 당신은 어떤 답을 하겠습니까?

"미래의 한국은 하드웨어적인 산업도 가치가 있답니다. 선박, 자동차, 반도체 같은 산업이 여전히 동력 산업이 될 것입니다. 하지만 여기에 만족해서는 안 됩니다. 소프트웨어 산업이 더 가능성이 크답니다. 좋은 드라마나 영화를 만들어서 수출하는 것은 소프트 산업으로 국부를 창출하는 방법이라고 생각합니다. 한류 열풍을 이런 드라마와 영화를 아랍권, 남미 시장에 수출해서 일으킨 후에 다시 상품 수출을 하면 한국의 국가 브랜드로 인해서 더욱 마케팅 점유율을 드높일 수 있다고 생각한답니다. 교육, 의료, 컨설팅, 게임, 애니메이션, 음악, 미술 산업을 국제화해서 키워가야 한답니다. 이런 소프트웨어적인 생산물을 수출하는 시대가 온답니다. 이런 산업 분야가 미래의 핵심 성장 동력 산업이 한국에서 되리라고 본답니다."

왜곡하지 않고 정도를 이야기하는 태도로 이 사람은 스몰 토크를 한 것입니다.

11 | 풍자를 할 때는 명예훼손에 유의하라

　스몰 토크에서 풍자를 할 때 명예를 훼손하는 그런 잘못을 하는 경우를 보게 됩니다. 이런 경우를 유의해서 다루기 바랍니다. 풍자를 하면서 항상 자기 인격을 존중하듯 제3자의 인격도 존중하기 바랍니다. 풍자를 하면서 항상 유의할 것은 인격적인 가치를 지키는 일인 것입니다.
　스몰 토크는 언제 어디서든지 할 수 있어야 한답니다. 스몰 토크를 잘하고 싶다면 우선은 이야기 소재를 많이 만들어 가는 전략이 필요하답니다. 당신이 직장에서 차를 마시는 시간에 담소를 한다고 합시다. 당신이 만약 이런 질문을 받는다면 어떻게 말할 것입니까?
　"미래에 자동차 기업의 경쟁력을 높이는 방안을 생각나는 대로 말씀해 주시기 바랍니다."
　당신이 중견직원인데 신입이 이런 질문을 해온다면, 당신은

"그거야 차차 일하다보면 알게 되지……." 이렇게 응수하고 말 것인가요? 이렇게 대답하고 지나가면 당신은 스몰 토크에 성공하고 있다고 보기는 어렵답니다.

12 | 인격적인 거리를 유지하라

　인격적 거리는 긴요합니다. 아무리 스몰 토크라고 해도 인격적인 거리를 유지하고서 말하지 않는다면 그것은 바람직한 것이 아니랍니다. 인격적인 거리를 유지하면서 대화를 하기 바랍니다.
　"자동차 회사와 부품 회사 간의 관계에 대하여 말하여 주시기 바랍니다."
　당신이 이런 질문을 받는다면? 이런 질문은 충분히 답변할 가치가 있는 질문이랍니다.

　"자동차 회사는 부품 제조회사와 유기적 협력 관계를 잘 유지해야 한다고 본답니다. 게스트 엔지니어링 제도 같은 것은 통해서 협력 회사와 자동차 회사의 기술적인 협조 시스템을 잘 만드는 노력이 긴요합니다. 이미 현대자동차가 이런 시스템을 시행해서 상당한 성공을 이루고 있습니다. 만 오천 개 이상의 부품이 들어가야 완성되는 자동차 메이커이므로 이런 시스템이 보다 비즈니스 효율성을 증대시킬 것으로 본답니다. 이것이 바로 자동차 회사와 부품 회사와의 인격적인 거리를 유지하면서 윈윈할 수 있는 그런 태도라고 생각합니다."

13 | 키워드를 간결하게 담으라

키워드를 간결하게 담으십시오. 간결하고 분명하게 키워드를 담아서 스몰 토크를 하면 성공하는 스몰 토커가 될 것입니다. 물론 스몰 토크는 격의 없이 해가야 한답니다. 거리를 지나치게 인식하면 당신은 스몰 토크를 즐거운 시간으로 만들어 가는 힘 들어질지 모른답니다. 스몰 토크는 항상 친절하게 해가는 습성이 필요하답니다.

"한국의 연예인 '비'를 어떻게 생각합니까?"

이런 질문을 당신이 받았다면 어떻게 답변하겠습니까?

"비는 연예계에서 블루칩 같은 존재랍니다. 그는 최선을 다해서 연기를 하고 노래하고 춤춘답니다. 무엇보다 이를 위해서 진지한 노력을 하는 것이 보입니다."

간결한 비에 대한 표현이면서 '블루칩'이라는 단어를 담은 스몰 토크인 셈이랍니다.

14 | 코너에 몰리기 전에 말해라

　인생이 즐거워지는 것은 스몰 토크를 통해서 서로의 마음을 주고받을 계제가 생기기 때문입니다. 스몰 토크는 말로만 하는 것은 아닙니다. 그것은 상대방 사이에 이메일로도 가능한 법입니다.
　대화 중에 코너에 몰리기 전에 시기를 놓치지 않고 말하기 바랍니다. 이런 스몰 토크는 성공하는 스몰 토크입니다.
　현장에서 반대해야 될 의견은 바로 표출하기 바랍니다. 대응할 시기를 놓치면 잘못된 것을 긍정하는 결과로 투영될 수도 있답니다.

15 | 적극적으로 참여하여 오해를 받지 않게 하라

당신이 직장이나 가정, 그리고 학교에서 만나는 분들은 다양할 것입니다.

이들을 만나면 현안에 대하여 이야기할 수 있을 것입니다. 2005년 12월 배아줄기세포에 대한 논쟁으로 한국은 무척 뜨거웠답니다. 이런 상황에서 당신에게 "줄기세포에 대한 논문에 과장된 데이터가 활용된 것을 어찌 생각하는가?"에 대한 질문을 직장에서 동료로부터 점심 시간에 받는다고 합시다. 어떻게 답변하겠습니까? "거짓 데이터가 활용된 것은 유감이다."라고 말하고 말 것인가요?

"1989년의 플라이슈만 교수, 폰즈 교수가 유타대학에서 〈상온에서 핵융합이 가능〉이라는 논문의 예를 봅시다. 당시 이들이 이런 이론을 발표합니다. 하지만 유타대학의 조사에 의해서 이 논문이 거짓으로 드러났답니다. 데이터를 잘못 활용한 논문이라서 그렇게 된 것입니다."

이런 식의 답변 전개라면 당신은 보다 합리적이고 구체적으로 스몰 토크를 하는 셈이 됩니다. 조금 더 시간이 된다면 "그래서 논문에 활용하는 자료는, 데이터는 진실해야 한다."라고 말해 주기 바랍니다. 그러면 당신은 보다 더 과학적인 생각을 하는 인재로 동료의 평가를 받을 수 있을 것입니다.

스몰 토크는 이처럼 구체적인, 역사적인 일을 예로 들면서 전개되면 객관성인 대화라는 평가를 받을 수 있습니다.

이렇게 분명하게 말해 주어야 만이 오류 데이터를 활용한 그들을 반대하는 당신의 인생철학을 알게 될 것입니다.

제 8 장

[빛을 더해 주는 조언(助言)들]

01 | 작은 수첩을 준비해 수시로 메모하라

　스몰 토크는 지혜를 확장하는 기회를 제공하게 한답니다. 스몰 토크를 하면 다른 사람의 생각, 세상에서 무엇을 적용하려고 할 때 당면할 문제들을 잘 찾아낼 수 있는 이점이 존재한답니다. 이런 것을 생각하면 스몰 토크를 잘하고 스몰 토크를 즐겨야 세상에서 강한 존재로 자기 생각을 펼쳐갈 수 있다는 말입니다. 그러므로 작은 수첩을 준비해서 스몰 토크 당시에 흘려버리지 않아야 할 단어들을 기록하면, 그것은 당신의 자산이 될 것입니다.
　스몰 토크 중이라도 대화를 하면서 기록하면 당신의 언어 지식 용량은 확장된답니다.

02 | 몸짓을 곁들이면 더 효과적이다

 몸짓을 곁들이면 좋답니다. 스몰 토크의 효과를 키우기 위해서는 몸짓이 필요한 경우도 있다는 점을 기억하기 바랍니다.
 작은 몸짓과 더불어 스몰 토크에는 쉬운 어휘가 많이 활용될수록 좋습니다. 전문적인 이야기라면 전문적인 용어를 활용할 줄도 알아야 한답니다.
 줄기세포 논쟁의 경우 "저는 과학 영웅 만들기의 오류를 건전한 국가는 항상 경계할 가치가 있다고 봅니다. 1903년에 이미 프랑스에서 그런 일이 존재했답니다. 르네 볼론로라는 과학자가 방사광선인 'N선'을 발견한 것으로 발표합니다. 그는 프랑스 과학 영웅이 일시적으로 될 것같이 떠오릅니다. 하지만 미국의 로버트 우드라는 과학자가 그의 발표의 오류를 핵심적으로 발견해서 그 과학 영웅은 거짓으로 발견을 한 것으로 판명된 역사를 가지고 있습니다. 그 후 프랑스 과학자들은 국제적인 신뢰를 얻는데 상당한 대가를 치룬 적이 있습니다." 라는 것을 이야기해 가며 "이번 줄기세포 논쟁도 바로 한국 과학자들의 국제적 신뢰성이 일시 추락이라는 대가를 치러야 하는 안타까움이 밀려들 것으로 생각합니다."

라는 발언을 하였답니다. 물론 그는 제스처를 하면서 말한답니다. 그래서 이 스몰 토크는 듣는 이들의 신뢰를 더욱 부가하는데 성공한답니다.

03 | 예를 들어 이야기하면 전달력이 높아진다

스몰 토크에 성공하고 싶다면 감성을 약간 자극하는 어휘를 혼재해서 말하기 바랍니다. 연예인 뉴스를 전하는 경우에도 그렇습니다. 안젤리나 졸리라는 할리우드 배우 소식을 식사 중에 동료들에게 전하고자 한다면 이런 표현을 기록해 보기 바랍니다.

"안젤리나 졸리가 딸을 출산하였답니다. 그녀는 브래드 피트와의 사이에서 출산을 한 것이랍니다. 아프리카 나미비아에서 출산을 한 것이랍니다. 둘의 사랑의 결과 낳은 아이라고 합니다. 왜 그녀가 출산을 앞두고 아프리카로 갈 생각을 했을까요. 그것은 바로 그녀가 사생활 보호를 위한 것이라고 합니다. 사생활 보호는 상당히 중요하답니다."

스몰 토크에서도 여전히 사생활 보호는 매우 중요한 일이 아닐 수 없답니다.

04 | 최신 유행을 언급하라

최신 유행에 유리된 태도로 스몰 토크를 하는 것은 시대에 뒤지는 사람의 말로 인식될 가능성이 크다는 점을 유의하기 바랍니다. 최신 유행어를 한두 마디 구사하는 전략도 좋답니다.

" '샘' 이라는 말은 선생님, '방가방가' 는 반갑습니다라는 뜻을 나타낸다면서요. 우리말을 바로 활용하는 운동 같은 것이 필요하다고 봅니다만……."

이렇게 하는 것은 좋은 스몰 토커의 한 태도라고 봅니다. 유행을 최신 것으로 파악하고 말하기 때문입니다.

스몰 토크는 누구나 즐길 수 있답니다. 하지만 거기에는 여러 전략이 필요합니다. 우리가 일상적으로 하는 스몰 토크는 자기 생각을 드러낸답니다.

05 | 진부한 단어를 버려라

　스몰 토크에서 진부한 단어를 말하지 말기 바랍니다. 그렇게 되면 사람들이 지루해 한답니다. 지루하지 않게 대화를 이끄는 것이 좋습니다. 구태의연하지 않는 참신한 단어를 고르기 바랍니다. 최근 유행하는 단어도 좋답니다. 구태의연하지 않는 단어를 선택해서 다른 상대가 즐거워하게 하기 바랍니다. 진부한 단어를 구사하면 말이 진부해 진답니다. 그러므로 새로운 어휘를 지속적으로 활용하기 바랍니다. 이런 과정을 거치면 당신은 신선한 스몰 토크를 활용하는 그런 존재가 될 것입니다. 그리고 사람들은 당신과 스몰 토크를 즐기기를 원하고 좋아하는 횟수가 증가할 것입니다.
　성공 스몰 토크는 스몰 토크를 드리블하듯 자유자재로 하는 사람입니다. 스몰 토크를 즐기는 사람 주위에는 최신 유행 정보가 넘나듭니다. 골프장에서 같이 5시간 이상 운동을 하면, 그 속에서 신문에 기사화되기 전의 업계의 고급 정보를 얻게 되고 미리미리 리스크를 최소화하거나 투자를 늘리는 그런 기회를 선점할 수도 있게 된답니다. 그러므로 골프 중에도 스몰 토크를 자주 하기 바랍니다. 테니스 경기에서도 마찬가지랍니다. 스몰 토크를 자주하되 구태의연한 단어를 통한 대화가 아니라 새롭고 신선한 단어를 많이 구사하는 그런 존재로 거듭나기 바랍니다.

06 | 상대에게 필요한 정보를 말하는 것도 기술이다

　상대에게 필요한 정보를 생각해서 쉽게 말하기 바랍니다. 전문적인 것도 쉽게 풀어서 말하면 스몰 토크에서 성공할 수 있습니다. 어렵게 말한다고 해서 반드시 좋은 것은 아니랍니다. 쉬운 단어를 택하는 기술을 연마하기 바랍니다. 그렇게 하면 당신은 좋은 스몰 토커로서의 미래를 만들어 갈 수도 있을 것입니다.
　상대가 지금 필요한 정보를 스몰 토크에 담을수록 직장에서 사람들은 그 사람과 스몰 토크를 즐기기를 노력할 것입니다. 이런 점을 생각해서 항상 상대가 지금 활용 가능한 정보가 무엇인가를 생각해서 말하기 바랍니다. 상대방의 필요 정보를 미리 파악하는 노력이 좋은 스몰 토커가 되는데 유리한 법이랍니다. 상대가 필요한 정보를 공부하고 파악하는 데 시간을 할애하기 바랍니다. 그러면 당신은 보다 경쟁력이 강한 스몰 토커가 될 수 있을 것입니다.

07 | 작은 음성으로 개인 간 친밀도를 높인다

　큰소리로 말하지 말기 바랍니다. 작은 음성으로 파고드는 것도 효과적인 대화술입니다. 개인의 친밀도를 높이면서 말하기 바랍니다. 작은 음성으로 말하고 상대를 보기 바랍니다. 개인적인 친밀도가 바로 말에서 우러나오게 하기 바랍니다. 작은 음성으로 친밀도를 높이면서 말하면 스몰 토커로서 성공 가능하답니다. 친밀도가 높은 사람은 작은 음성으로 이야기할 줄도 아는 그런 습관을 지닌 존재입니다.
　작은 음성으로 차분하게 말하십시오. 개인의 신비주의를 지향하지 말고 인간적으로 말하기 바랍니다. 그렇게 되면 스몰 토크는 상대의 신뢰를 더욱 얻게 될 것입니다. 작은 음성으로 개인 간 친밀도를 높인다고 해서 귓속말은 함부로 하지 말기 바랍니다. 마치 무슨 작전을 즐기는 사람같이 보일 수도 있답니다.

08 | 다양한 고마움의 표현 기술을 익히라

고마움의 표현을 스몰 토크로 하기 바랍니다. 다양한 고마움의 표현을 하는 기술을 익혀 가기 바랍니다.

큰 것만 고마움의 표현 대상은 아님을 알기 바랍니다. 작은 일에도 고마움의 표현을 하는 것이 좋습니다. 다양한 고마움의 표현 기술을 익혀서 그것을 표현하기 바랍니다. 고마움을 담아서 표현할 시기가 되면 그것을 적절히 활용하기 바랍니다. 당신이 직장의 선배라면, 후배들이 모인 자리라면 고마움을 적절히 표현할 수 있어야 한답니다. 성공하는 스몰 토크는 고마운 것을 고맙다고 하는 데서 시작된다는 점을 기억하기 바랍니다.

09 | 단호하게 '노'라고 말할 줄 알아야 한다

'노(NO)'라고 말하는 것이 필요한 시기가 있답니다. 스몰 토크에서도 그렇답니다. 단호하게 NO라고 말할 필요가 존재하면 그렇게 하기 바랍니다

얼버무리지 않는 것이 좋습니다. 스몰 토크에서 성공하려면 필요 시 단호한 NO가 필요한 경우도 파생한다는 것을 알아야 한답니다. 직장에서 가정에서 스몰 토커들은 단호하게 태도를 취할 수도 있어야 한답니다. NO라고 말하면서 서로서로의 입장은 존중하기 바랍니다

상대를 무시하면서 그렇게는 말하지 않게 하기 바랍니다.

NO라고 하는 순간에도 상대방의 견해를 존중하면서 하기 바랍니다.

스몰 토크 성공 법칙 중에는 NO라는 표현이 필요한 곳에서는 NO라고 함으로써 완성된답니다. NO라고 해야 함에도 이를 제대로 표현하지 못하는 태도는 바람직하지 않습니다.

10 | 상처받지 않으려면 말하는 현장에서 적절히 방어해라

인생을 살면서 말로써 타인에게 상처를 주는 일은 안 해야 한답니다. 자기가 개입할 일과 개입하지 말아야 할 일을 판별해야 합니다. 자기도 타인으로부터 상처를 받지 않게 해야 한답니다. 그렇게 하려면 말하는 현장에서 적절한 방어를 할 줄 알아야 한답니다. 그 현장에서 벗어나면 오해가 확산될 수도 있음을 기억하기 바랍니다. 이런 스몰 토크에 임하는 자세는 자기 방어를 위해서 적절하게 필요한 법이랍니다. 상처를 주지도 않고 상처를 받지도 않는 그런 스몰 토크를 하기 바랍니다. 그런 스몰 토커는 인생에서 더욱 크게 역동적으로 자기의 비전을 성취해 갈 수 있답니다.

성공하는 스몰 토크는 말로써 상대방에서 상처를 주지 않는 태도로부터 출발한다는 점을 기억하기 바랍니다. 현장에서 바로 반론을 제시할 기회가 존재하면 그 기회를 놓치지 않기 바랍니다.

상대 중에는 자기의 어느 한 이미지로 채색하려는 의도로 말하는 사람들이 있습니다. 이런 사람들에게 말려들지 않기를 바랍니다. 그렇게 시도하는 것이 보이면 스몰 토크 성공을 위해서도 그 현장에서 바로 방어를 해야 합니다. 방어가 필요하면, 말한다고 눈치를 받아도 해야 한답니다. 말을 제대로 못하면 안 됩니다. 스몰 토크는 그래서 인생에서 행복을 위해서도 자주 이뤄져야 합니다. 스몰 토크 성공 법칙만 잘 이해하고 항해해도 여러분은 행복 설계에서 성공할 것입니다.

여러분이 행복한 스몰 토크를 위해서는 항상 마음의 평정을 유지하기 바랍니다. 평상심대로 경기를 하는 선수가 축구 경기에서 골을 넣듯이 바로 평상심을 견지하면서 스몰 토크를 하면 자기의 미래를 힘차고 풍부한 정보를 보유한 채 항해하게 될 것입니다.